スタートガイド
原価計算

島　吉伸・安酸建二
北田智久・井上謙仁
【著】

START GUIDE
COST ACCOUNTING

中央経済社

はしがき

　本書は，原価計算を初めて学ぶ方々を対象として執筆されたテキストです。日商簿記検定試験2級工業簿記レベルの内容を扱っていますが，その中でも原価計算に焦点を当てており，今後の原価計算や管理会計の学習に必要と思われる内容を取り上げています。序章から第8章までは製品原価計算，第9章では原価管理に役立つ標準原価計算，第10，11章では利益計画策定に役立つ直接原価計算，第12章では新しい間接費の配賦方法であるABC（活動基準原価計算）を解説しています。

　本書は，大学で原価計算の講義を担当している教員が執筆しています。日頃の講義から得られる知見を活かし，原価計算の基本的な内容が身に付くようわかりやすい解説を心掛けました。各章末には理解を確認するための練習問題を用意しています。本書の内容をしっかり学習すれば，原価計算の基本的な仕組みを理解することができるでしょう。ただし，自分で原価計算ができるようになるには問題演習が不可欠です。学習の際には，必ず文中の例題や章末の練習問題を繰り返し解くようにしてください。

　本書での学習を通じて原価計算に興味を持っていただき，さらに上級の原価計算や管理会計を学んでもらえることを期待しています。それは，我々執筆者にとってこれ以上ない喜びです。

　最後になりましたが，本書の出版にあたり中央経済社の長田烈氏には大変お世話になりました。ここに記して感謝申し上げます。

島　吉伸／安酸建二／北田智久／井上謙仁

CONTENTS

序章 原価計算とは

1 工業簿記と原価計算……1
2 原価計算の目的……3

第1章 原価の分類

1 原価とは何か……5
2 非原価となるもの……6
3 原価の分類……7
　（1）製造原価・販売費・一般管理費……8
　（2）製造原価の分類……8
　（3）直課と配賦……9
　（4）その他の原価分類……10

第2章 材料費の計算

1 材料費の定義と分類……13
2 材料費の計算……14
3 材料消費価格の計算……15
4 材料消費数量の算定……18
5 材料消費単価の選択……19
6 予定消費価格による材料費の計算……21
7 月末における材料の管理……22

第3章 労務費の計算

1 労務費の定義と分類……27
2 賃金の計算……28
3 支払賃金の計算……28
4 消費賃金の計算……29
 （1） 消費賃率の計算……29
 （2） 就業時間の区分……30
5 間接工賃金の計算……31
6 その他の労務費の計算……33

第4章 経費の計算

1 経費の定義と分類……35
2 経費の計算方法……36
 （1） 支払経費……36
 （2） 測定経費……36
 （3） 月割経費……37
 （4） 発生経費……37

第5章 製造間接費の計算

1 製造間接費の配賦基準……39
2 製造間接費の実際配賦……40
3 製造間接費の予定配賦……42
4 製造間接費配賦差異の計算……43

第6章 部門費の計算

1 部門別計算の意義……47
2 原価部門……48
3 部門別計算の手続き……49
　（1）　第1段階：製造間接費の各原価部門への集計……50
　（2）　第2段階：補助部門費の製造部門への配賦……52
　（3）　製造部門費の各製品への配賦……56
4 予定配賦の方法……57

第7章 個別原価計算

1 個別原価計算とは……63
　（1）　生産形態と製品原価の計算方法……63
　（2）　個別受注生産……64
　（3）　製造指図書の発行と原価の集計……65
2 製造直接費と製造間接費……66
3 製造間接費を予定配賦している場合……68
4 売上原価……70
5 個別原価計算と仕損……72

第8章 総合原価計算

1 総合原価計算とは？……79
　（1）　総合原価計算の構造……80
　（2）　総合原価計算における原価の認識……80
2 総合原価計算の計算方法……81
　（1）　月初にも月末にも仕掛品がない場合……81

　　　　（2）　月初に仕掛品はなく，月末に仕掛品がある場合……82
　　　　（3）　月初にも月末に仕掛品がある場合……85
　　3　等級別総合原価計算……88
　　4　組別総合原価計算……90
　　5　工程別総合原価計算……94

第9章　標準原価計算

　　1　標準原価計算とは？……101
　　　　（1）　原価標準……102
　　　　（2）　原価標準にもとづいた原価の計算……103
　　2　原価差異の計算……106
　　3　原価差異の分析……107
　　　　（1）　直接材料費の差異分析……107
　　　　（2）　直接労務費の差異分析……109
　　　　（3）　製造間接費の差異分析……110

第10章　直接原価計算

　　1　直接原価計算……117
　　2　操業度……118
　　3　操業度の関数としての変動費と固定費……118
　　4　「材料費・労務費・経費」と「変動費・固定費」との関係……119
　　5　製品原価計算と製造原価の回収……120
　　6　直接原価計算と全部原価計算のそれぞれに基づく損益計算書……124
　　7　在庫による製造固定費の繰り越し……126

第11章 損益分岐点分析

1 利益計画や予算編成と変動費・固定費との関係……131
2 損益分岐点分析……135
3 営業レバレッジと利益の関係……140
4 短期的状況において意味を持つ変動費と固定費……141

第12章 活動基準原価計算（Activity-Based Costing :ABC）

1 従来の製造間接費配賦方法の問題……145
2 ABCの計算プロセス……147
3 ABCによる製造間接費の配賦計算例……148
4 ABCの適用可能性……151

■【練習問題】解答・解説……153
■ 索引……173

序　章

原価計算とは

💡 **本章のポイント**

　本書では，原価計算の基本的な内容を学びます。その前に，本章では原価計算とは何か，何のために実施されるのかを説明します。
　商業簿記と工業簿記の違いや工業簿記と原価計算の関係，工業簿記のプロセス，原価計算の目的について理解してください。

1　工業簿記と原価計算

　世の中にはさまざまな会社が存在し，私たちが必要とする製品やサービスを市場に提供しています。それらは大きく分けて商業を営む会社（商業）と製造業を営む会社（製造業）に分けることができます。商業では，市場で売れそうな商品を仕入れ，それらを販売することで**利益**を得ます。この利益は，**売上高**から販売された商品の原価である**売上原価**を差し引くことで計算されます。売上原価は，販売された商品をいくらで仕入れたのかをもとに計算されます。このような商業の経営活動は，一般に**商業簿記**の手続きをもって記録されます。
　一方，製造業は，市場で売れそうな製品を製造し，それらを販売することで利益を得ます。製品を作るためにはさまざまなものが必要となります。たとえば，製品を構成する材料や部品が必要ですし，工場で作業する工員を雇わなくてはなりません。さまざまな生産設備も必要で，それらを動かす電気代やガス

代もかかるでしょう。このように，製造業では，製品の製造に必要な**財**や**用役**が製造プロセスに投入され，完成した製品が販売されるのです。この製造業における経営活動を記録する手法として，**工業簿記**があります。工業簿記は，製造プロセスにおける活動や取引を記録する点で，商業簿記と異なります。

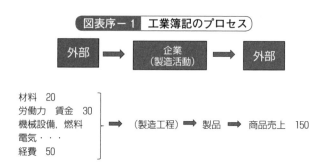

図表序－1は，工業簿記のプロセスを簡単に示しています。製品の製造のために材料や労働力，機械設備等の要素が投入されています。これらの要素が製造工程に投入されて製品が製造され，販売されます。製造業においても，売上高から売上原価を差し引くことで利益を計算しますが，製造業の売上原価を求めるには，販売された製品がいくらで作られたのかという**製品原価**を計算しなくてはなりません。上の図によれば，製品を作るためにかかった原価は，材料20円＋労働力30円＋機械設備等の経費50円＝100円と計算されます。したがって，この製品の販売から得られる利益は，150円－100円＝50円となります。このように，工業簿記では，利益を計算するために販売する製品の原価を計算する必要があります。この製品原価を計算するために原価を集計する手続きのことを**原価計算**といいます。

　図表序－2は，以上の計算を工業簿記の勘定を用いて表しています。

　材料勘定，**賃金勘定**，**経費勘定**は製造に投入される財や用役の原価を記録します。これらの勘定から製造工程に投入される原価を集計するのが**仕掛品勘定**です。仕掛品勘定は工場の製造工程のイメージです。製造工程において完成した製品の原価が**製品勘定**に振り替えられます。製品勘定は完成品倉庫のイメー

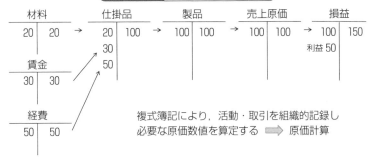

ジです。そこから販売された分の製品原価が**売上原価勘定**に振り替えられ、さらに**損益勘定**に振り替えられます。最後に、損益勘定において利益が計算されます。

　本書は、原価計算の手続きを中心に扱うので、工業簿記の仕訳や勘定記入について詳しく触れません。しかし、この工業簿記の勘定のつながりは、原価計算の流れを理解するために有用です。しっかり理解してください。

2　原価計算の目的

　原価計算は製品原価を計算する目的以外に、製造業の経営管理においてさまざまな形で利用されます。簡単にまとめると次のようなものがあります。

- 財務諸表作成目的

　これまで説明したように、原価計算は製品原価を計算するために利用されます。これ以外に、材料や**仕掛品**（しかかりひん；作りかけの製品）の評価額を算定することにも利用されます。これらの原価情報は、損益計算書や貸借対照表といった財務諸表の作成に必要となります。また、製品の製造原価の内容を示す製造原価報告書の作成にも利用されます。

- 価格計算目的

  製品を市場で販売するには，販売価格を決定しなくてはなりません。販売価格決定の基準として製品原価が利用されます。

- 原価管理目的

  会社が利益を確保するためには，無駄な原価が発生しないように原価を管理しなくてはなりません。そのためには，工場内の製造部門で発生する原価を常に把握するために原価計算が利用されます。

- 予算管理目的

  会社が予算を編成する際に必要な，将来の製造原価，販売費等に関する原価情報を提供するために利用されます。また，予算と実績を比較する予算統制を実施するために実際の原価情報を提供します。

- 計画設定目的

  会社が経営計画を策定する際に必要となる，売上高と費用，利益の関係を示す原価情報を提供します。

以上の原価計算目的のうち，本書の第1章から第8章では財務諸表作成のための製品原価計算，第9章では原価管理のための標準原価計算，第10章と第11章では経営計画策定に役立つ直接原価計算とCVP分析を取り上げます。最後の第12章では，より正確な製品原価の計算に有用な活動基準原価計算（ABC）について解説します。

第 1 章

原価の分類

💡 本章のポイント

　原価計算とは製品の製造に原価がいくらかかったかを計算することです。原価計算を実施するためには，まず，計算対象となる原価とは何かを明らかにしておく必要があります。

　原価という用語は一般に使用されていますが，原価計算で使用される原価には独自の定義があります。したがって，本章では原価計算における原価とは何かを説明します。

1　原価とは何か

　序章で述べたように，原価計算にはさまざまな目的がありますが，その１つとして，**財務諸表**を作成するために実施される原価計算があります。財務諸表は，企業を取り巻く利害関係者が，その経済的な意思決定を行うために有用な情報を提供するものです。たとえば，投資家が投資する企業を選んだり，銀行が融資する企業の業績を確認したり，取引先が企業の経営状態を判断する際には，財務諸表が提供する情報を利用します。

　財務諸表が企業の利害関係者の意思決定に有用な情報を提供するためには，財務諸表が共通のルールに従って作成されなくてはなりません。なぜならば，個々の企業が独自のルールで財務諸表を作成できるのであれば，自社に有利な

ように利益を大きくしたり，資産を大きく負債を小さく評価したりすることが可能になり，利害関係者が企業間の業績を比較できなくなるからです。原価計算は，財務諸表の作成に必要な売上原価や棚卸資産の評価額を算定するために利用されます。したがって，原価計算は各企業が共通のルールに従って実施される必要があるのです。そのため，財務諸表作成のための原価計算が従うべきルールとして，「**原価計算基準**」が定められています。

図表1－1は，「原価計算基準」の定義を示しています。定義というのはたいてい抽象的でわかりにくいものです。簡単に言い換えると，原価とは，企業が本業として提供する一定の給付（製品やサービス）を生み出すために，消費されたさまざまな要素（材料や人の労働力，機械設備など）の価値の消費量を，金額に換算したものと言えます。また，正常な経営活動によって消費された価値であり，異常な状態による価値の減少は原価に含まれません。

図表1－1　原価の定義

「原価とは，経営における一定の給付にかかわらせて，把握された財貨又は用役の消費を，貨幣価値的に表したものである。」

2　非原価となるもの

前節で説明したように，本業の給付にかかわるものが原価ですから，本業とは関係のない活動で生じた価値の消費は原価に入りません。次頁の図表1－2は，原価計算基準に示されている非原価項目を示しています。

まず，経営目的に関連しない価値の減少があります。たとえば，工場で製品の製造に使用している製造設備は，製品を作るために製造設備の価値を犠牲にしていると考えます。その価値の減少分は減価償却費として原価に含めます。一方で，家賃収入を目的としてマンションを購入した場合，マンションの減価償却費は原価に含めません。それはマンションの賃貸は，本業とは関係のない事業だからです。また，借入金の支払利息や有価証券等への投資から生じる売

却損や評価損は会計上の費用・損失ですが，経営目的に直接関係しない活動から生じているので原価には入りません。さらに，実際に事業に利用されていない未稼働資産の減価償却費も原価に含めません。

次に，異常な状態を原因とする価値の減少があります。たとえば，工場で製品を作るとき，加工ミスなどの失敗が生じることがあります。これを仕損（しそんじ）といいます。通常，製造工程ではある程度の仕損は避けることができません。すなわち，仕損費は製品を作るために発生していると考えられるので，通常は原価に含めます。一方で，不慣れな作業員によって，その月だけ多大な仕損費が生じた場合はどうでしょうか？　これは異常な状況であり，毎月生じることはありません。このような損失を原価に含めると，特定の月だけ原価が大きくなり，経営管理や工程管理に原価情報を利用しにくくなります。同様に，火災や震災，風水害といった偶発的な要因により生じた損失も原価には含めません。毎月繰り返し生じるものではない，異常な状況を原因としているからです。通常，これらの異常な状況を原因とする損失は，営業外費用や特別損失として損益計算書上に計上されます。

図表1－2　非原価項目

- ■ 経営目的に関連しない価値の減少
  - 投資用不動産や未稼働資産の減価償却費
  - 支払利息などの財務費用
  - 有価証券の評価損や売却損
- ■ 異常な状態を原因とする価値の減少
  - 異常な仕損や減損，棚卸減耗
  - 火災や震災，風水害等の偶発的要因による損失

3　原価の分類

前節までは，原価計算で扱う原価とは何かを説明しました。ここからは，原価計算を容易にし，原価情報を経営管理に役立てるために，原価をさらに分類

します。

（1） 製造原価・販売費・一般管理費

原価は大きく3つに区分されます。まず，生産活動を原因として発生する**製造原価**です。これは工場で発生する原価と考えればよいでしょう。次に，製品の販売活動を原因として発生する**販売費**です。これには，広告宣伝費や製品を保管する倉庫費，運搬費，営業社員の給料などがあります。最後に，会社全体の管理活動を原因として発生する**一般管理費**です。通常，本社が会社全体の管理をしており，総務部や経理部，人事部を抱えています。それらの部門で発生するものが一般管理費です。これら製造原価と販売費，一般管理費を合わせて，**総原価**と呼びます。

これらの区分うち，製品原価は製造原価のみで計算されます。販売費と一般管理費は，製品原価に含まれません。したがって，製品原価を計算するためには，製造原価を適切に分類することが必要になります。

図表1－3　原価の分類

- ■ 製造原価：生産活動のために発生する原価
  - ・工場で発生する原価
- ■ 販売費：生産物の販売活動のために発生する原価
  - ・広告宣伝費，販売促進費，倉庫費，運搬費，販売事務費など
- ■ 一般管理費：会社全体の管理活動のために発生する原価
  - ・本社費，総務部費，経理部費など

（2） 製造原価の分類

製品原価を適切に計算するために，製造原価は，**材料費**，**労務費**，**経費**の3つに区分されます。これは，原価発生の形態を基準にした分類なので，**形態別分類**と言われます。材料費とは，有形の財を消費することで発生する原価です。材料費の区分には，素材費，買入部品費，燃料費などがあります。労務費とは，人間が提供する無形の財（労働力）を消費することで発生する原価です。労務

費の区分には賃金，給料，従業員賞与手当などがあります。経費には，製造原価のうち，材料費と労務費以外のさまざまな製造原価が含まれます。

もう1つ，製品原価の計算で重要な区分として，**製品との関連における分類**があります。それは，**直接費**と**間接費**の区分です。直接費とは，特定の製品のために発生したことがすぐわかる原価です。一方で，間接費とは，発生しているが，どの製品のために発生しているのかがすぐにはわからない原価です。

形態別分類と製品との関連における分類を組み合わせると，材料費は直接材料費と間接材料費，労務費は直接労務費と間接労務費，経費は直接経費と間接経費に分類されます。

図表 1 − 4　製造原価の分類

形態別分類
- 材料費：有形の財を消費することで発生する原価
  - 素材費，買入部品費，燃料費など
- 労務費：労働力を消費することで発生する原価
  - 賃金，給料，従業員賞与手当など
- 経　費：材料費と労務費以外の製造原価
  - 減価償却費，電力料，賃借料，旅費交通費など

製品との関連における分類
- 直接費：特定製品の製造に消費されたことが直接認識される原価
  - 直接材料費，直接労務費，直接経費
- 間接費：特定製品の製造に消費されたことが直接認識できない原価
  - 間接材料費，関接労務費，間接経費

（3）　直課と配賦

図表 1 − 4 の区分のうち，直接費はどの製品に対して発生したかがわかるので，その発生額はそのまま製品ごとに跡付けられます。この計算手続きを**直課**，もしくは**賦課**（ふか）といいます。一方，間接費はどの製品のために発生したのかがわからないので，何らかの方法で製品ごとに原価を分けなくてはいけません。そのために，間接材料費，間接労務費，間接経費はいったん**製造間接費**

として集計され，その後何らかの基準を用いて，各製品に分けられることになります。この計算手続きを**配賦**（はいふ）といいます。配賦計算では何を配賦基準にするかがとても重要です。適切な配賦基準を設定しないと計算結果が不正確になります。しかし，どの製品のために発生したのかがわからないさまざまな原価を集めたのが製造間接費なので，それを適切に配賦する基準を見つけることは容易ではありません。適切な配賦基準を選択することは，原価計算における大きな課題です。

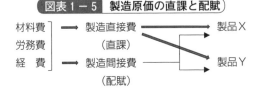

図表1-5　製造原価の直課と配賦

（4）その他の原価分類

原価計算を実施するうえでは，以上で示した形態別分類と製品との関連における分類の理解が重要です。これら以外にもいくつか知っておいたほうがよい原価概念があるので紹介しておきます。

① 実際原価と予定原価

実際原価は，消費される資源の実際価格または予定価格と実際消費量を乗じて計算されます。**予定原価**は，消費される資源の予定価格と予定消費量を乗じて計算されます。予定原価は，第9章で説明する標準原価計算で用いられるほか，経営計画や予算策定などに利用されます。

② 製品原価と期間原価

製品原価とは，一定の製品単位に対して集計される原価です。本章では製品原価は製造原価から計算されると説明しました。用語がややこしいので混乱しないようにしてください。一方で，**期間原価**とは，一定の期間に対応して集計

される原価です。本章では、販売費および一般管理費は期間原価であると説明しました。販売費および一般管理費は製品原価には含められず、月次損益計算の場合では1カ月間という期間に対して原価が集計されます。

③ 変動費と固定費

変動費とは、操業度の変化に対してその発生額が変化する原価です。操業度とは、企業や工場の活動程度を示すもので、売上高や生産量、機械作業時間、直接作業時間などで測定されます。たとえば、材料費である買入部品費は変動費であり、生産量が上昇するとその発生額は増加します。

一方、**固定費**とは、操業度の変化に対してその発生額が変わらない原価です。たとえば、製造設備の減価償却費は、その設備をフル稼働させても、能力の半分しか使わなくても、その発生額は変わりません。変動費と固定費の概念は、第5章・製造間接費の計算や、第10章・直接原価計算で説明します。

◆練習問題

(➡解答・解説は153ページ)

1-1 次の文章の (1) ～ (12) にあてはまる適切な語句を記述しなさい。

① 財務諸表を作成する際に、原価計算が従うべきルールとして（ 1 ）が定められている。

② 原価は生産活動を原因として発生する（ 2 ）、製品の販売活動を原因として発生する（ 3 ）、会社全体の管理活動を原因として発生する（ 4 ）の3つに区分することができる。

③ 製造原価は有形の財を消費することで発生する（ 5 ）、人間が提供する無形の財を消費することで発生する（ 6 ）、（ 5 ）と（ 6 ）以外の（ 7 ）に分類することができる。このような分類方法を（ 8 ）という。

④ （ 9 ）は特定の製品のために発生したことがすぐにわかる原価であり、発生額を製品ごとに（ 10 ）して原価が計算される。

⑤ （ 11 ）はどの製品のために発生しているのかがすぐにはわからない原価であり、何らかの基準で製品ごとに原価を（ 12 ）することになる。

1-2 以下の①〜⑤のうち,非原価項目に分類されるものを選びなさい。

① 製造に使う材料の購入費
② 株式の売買に関する支払手数料
③ 工員の賃金
④ 工場の焼失によって生じた損失
⑤ 本社の電気代

第2章

材料費の計算

💡 本章のポイント

　原価計算では，まず，製造原価が1カ月の間にいくら発生したのかを計算します。これを費目別計算といいます。費目別計算は，材料費，労務費，経費ごとに実施されます。本章では，材料費の計算を説明します。

1　材料費の定義と分類

　材料費の定義をもう一度振り返りましょう。材料費とは，製造原価のうち製品の製造に使用される物品，すなわち有形の財貨を消費することにより発生する原価です。製品を作るために物品の価値が消費されます。その消費された価値が製品の原価になるのです。

　材料費は，材料の形態別に次の5つに分類されます。まず，製品の主要な組成要素となる物品を消費することで発生する**主要材料費**があります。次に，外部から購入し製品に組み込まれる物品の消費で発生する**買入部品費**があります。主要材料料と買入部品費は，どの製品にどれだけ使われたのかを容易に把握することができるので，**直接材料費**として製品に直課されます。

　残りの3つは，**間接材料費**です。まず，製造の補助となる物品の消費により発生する**補助材料費**（燃料費）があります。次に，製造過程で補助的に使用される**工場消耗品費**があります。最後に，耐用年数が1年未満，あるいは取得原

13

価が一定額未満の工具，器具および備品の使用により発生する，**消耗工具器具備品費**があります。作業台やペンチ，スパナは工具であって材料ではないと思われるでしょうが，有形の物品の価値が消費されるという意味では材料費に含まれると解釈しておきましょう。これら3つの間接材料費は，どの製品をつくるために発生したのかがわからない，もしくはわかるためには時間と手間がかかるので，いったん製造間接費として集計された後，製品に対して配賦されます。

図表2－1　材料費の分類

- 直接材料費：仕掛品に直課
    - ① 主要材料費
    - ② 買入部品費
- 間接材料費：製造間接費に集計後，仕掛品に配賦
    - ① 補助材料費：重油，液化ガス，石炭等
    - ② 工場消耗品費：グリス油，ボルト等
    - ③ 消耗工具器具備品費：作業台，スパナ，ペンチ等

2　材料費の計算

　次は，材料費の計算方法について説明します。これには2つのグループがあります。1つは，単価や金額的が大きいため，その受払が記録されるグループです。これには，主要材料費，買入部品費，補助材料費が入ります。次頁の図表2－2の上の式が示すように，これらの材料費は，消費価格×消費数量で計算されます。この方法で計算するためには，個々の材料の消費価格を算定する必要があります。また，実際の消費数量も把握する必要があります。

　もう1つは，金額的に小さく再調達が容易なため，受払の記録を取らないグループです。これには，工場消耗品費と消耗工具器具備品費があります。これらは，消費数量を把握せず，その月の買入額（期間買入額）がそのまま当月の実際材料費の金額となります。たとえば，1年分のスパナを今月購入した場合

でも，その買入金額すべてが今月の消耗工具器具備品費に計上されます。この方法は価値の消費を正確にとらえていませんが，計算の手間がかかりません。

図表 2 − 2　材料費の計算方法

- 主要材料費・買入部品費・補助材料費
    実際材料費＝実際（予定）消費価格×実際消費数量
- 工場消耗品費・消耗工具器具備品費
    実際材料費＝期間買入額

3　材料消費価格の計算

　材料の消費価格とは，材料の倉庫から工場に払い出されたとき，すなわち，材料が消費される時点の価格です。この消費価格は，材料が購入されたときの価格に左右されます。ある材料の価格が高ければ，当然その材料の消費価格も高くなります。

　材料の購入単価は，購入原価を購入数量で割って求めます。購入原価とは，材料を購入したときにかかった原価です。購入原価には，材料そのものの原価である購入代価だけでなく，それ以外にかかるさまざまな費用（外部材料副費，内部材料副費）が含まれます。外部材料副費とは，材料を購入し，調達先から倉庫に届くまでにかかった費用のことです。これには，材料の購入手数料，引取運賃，保険料，関税などがあります。内部材料副費とは，材料入庫後から倉庫に保管し工場に払い出すまでに発生する費用のことです。これには，フォークリフトで材料を整理したり，倉庫を一定の温度に保ったり，材料を選別したりする費用などがあります。

　購入原価の計算は，図表 2 − 3 に示す①と②の方法があります。①は，購入代価と外部材料副費を購入原価に含める方法です。この方法であれば，材料購入時点で購入原価が確定し購入単価を算定できます。②は，購入代価と外部材料副費と内部材料副費を購入原価に含める方法です。②のほうが，材料の消費

時点までに発生するすべての材料副費を含んでいる点で望ましいですが，保管や出庫に関する内部材料副費は払出直前まで発生するので，払出時点で内部材料副費の実際発生額を把握することは困難です。したがって，②の場合は，あらかじめ材料副費の予算を作成し，購入原価に内部材料副費を予定配賦することが認められています。

図表2－3　材料購入単価の計算方法

- 材料購入単価＝購入原価÷購入数量
  ① 購入原価＝購入代価＋外部材料副費
  ② 購入原価＝購入代価＋外部材料副費＋内部材料副費
  外部材料副費：材料倉庫に入庫以前に発生する費用
  　　　　　　　引取運賃，購入手数料，保険料，関税等
  内部材料副費：入庫後，保管，出荷時に発生する費用
  　　　　　　　整理，選別，手入れ等

ただし，内部材料副費を予定配賦した場合，予定配賦額と実際発生額は通常一致しないので，その差額を**材料副費差異**として処理します。材料副費配賦差異が正の場合は予定配賦額よりも実際発生額が少なくすんでいるので有利差異（貸方差異）といいます。逆に，負の場合は予定配賦額を実際発生額が上回っているので不利差異（借方差異）といいます。この材料副費差異は毎月把握され，会計期末においてその残高が売上原価に加算もしくは減算されます。

図表2－4　材料副費の予定配賦

- 予定配賦率＝一定期間の材料副費予算額÷同期間の予定配賦基準数値
- 予定配賦額＝予定配賦率×実際配賦基準数値
- 材料副費差異＝材料副費予定配賦額－材料副費実際発生額
  ・正の差異：有利差異（貸方差異）
  ・負の差異：不利差異（借方差異）

第2章 材料費の計算

例題2-1

近畿工業は材料仕入に伴う材料副費をすべて材料購入原価に算入している。次の【資料】に基づき、①当月の材料Xの購入単価（1個当たり購入原価）と、②材料副費差異を求めなさい。

【資料】

1. 当月における材料Xの購入代価は600,000円、購入数量は100個であった。材料Yの購入代価は200,000円、購入数量は20個であった。
2. 材料の購入に要した当月の外部材料副費は、材料Xが80,000円、材料Yが40,000円であった。また、内部材料副費は60,000円を予定しており、購入数量を基準として各材料に予定配賦する。
3. 当月の材料副費実際発生額は62,000円であった。

解答・解説

① 材料Xへの内部材料副費配賦額 = 60,000円 × 100個／120個
   = 50,000円

材料Xの購入原価 = 600,000円 + 80,000円 + 50,000円 = 730,000円

材料Xの購入単価 = 730,000円 ÷ 100個 = @7,300円

（本書では、単位価格・原価を@で表示します）

② 材料副費差異 = 60,000円 − 62,000円 = −2,000円（不利差異）

4　材料消費数量の算定

　材料消費数量を求める方法には，**継続記録法**と**棚卸計算法**の2つがあります。継続記録法は，材料の受入や払出のつど，材料元帳にその数量・単価・金額を継続的に記録する方法です。主に，主要材料費や買入部品費の計算に利用されます。継続記録法は，材料の受払に関する取引をすべて記録するので，帳簿上に正確な材料消費量や在庫量を示すことができます。月末に実地棚卸をして実際の在庫量がわかれば，帳簿上の在庫量と比較することで，棚卸減耗の発生を把握することができ，適切な在庫管理が可能となります。

　棚卸計算法は，当月の材料購入数量を把握し，月初棚卸高と当月購入量の合計から月末棚卸高を差し引くことで，当月消費量を把握する方法です。主に，補助材料費の算定に利用されます。棚卸計算法は，当月の払出数量を記録する必要がないので手間はかかりませんが，材料の使途や消費部門は把握できません。また，材料が減耗している場合でも消費量に含まれてしまう問題があり，在庫管理には向かない方法です。

図表2-5　材料消費数量の計算方法

- ■　継続記録法：材料受払のつど，数量・単価・金額を継続的に記録する方法
  - 正確な実際消費量を把握できる
  - 材料を消費した製品や消費部門がわかる
  - 棚卸減耗費を算定できる
  - 主要材料費・買入部品費（直接材料費）の計算に利用
- ■　棚卸計算法：当月消費高＝月初棚卸高＋当月購入数量－月末棚卸高
  - 手間がかからない
  - 材料を消費した製品や消費部門がわからない
  - 算定される消費量に減耗分が含まれる
  - 補助材料費（間接材料費）の計算に利用

5 材料消費単価の選択

　実際の材料消費価格と材料消費数量がわかれば，それらを乗じることで，主要材料費，買入部品費，補助材料費の実際発生高が計算できます。ただし，原価計算期間中に同一の材料が複数回購入される場合には，そのつど購入原価が異なることになるので，複数の異なる材料購入単価が存在することになります。この場合，材料費を計算するのに，どの材料購入単価を材料消費価格として用いればよいかが問題となります。

　原価計算基準には，いくつかの方法が提示されていますが，ここでは，**先入先出法**と**移動平均法**，**総平均法**について説明します。先入先出法は，材料倉庫に先に仕入れていた材料から，先に工場に払い出されると仮定して，材料消費価格を選択する方法です。一般に材料は先に倉庫にあったものから使われると思われるので，実際の材料消費の流れに合った方法だと考えられます。移動平均法は，材料仕入れのつど，倉庫にある材料の平均材料購入単価を計算しておき，材料を払い出す際にはその平均購入単価を材料消費価格とする方法です。総平均法は，1カ月に仕入れた材料の平均購入単価を計算し，それを材料消費価格とする方法になります。通常，材料に関する取引は材料元帳に記録され，材料費が計算されます。これまでに学んだことを確認するために，材料元帳の例を示しておきます。

例題2-2

次の【資料】にもとづき，①先入先出法，②移動平均法によりP材料の材料元帳を完成させ，6月の材料消費高を求めなさい。

【資料】

6/1	前月繰越高	120個	@400円
4	受入高	280個	@440円
8	払出高	200個	

15	受入高	200個		@460円
26	払出高	300個		

解答・解説

① 先入先出法

材料元帳
P材料

令和○年	摘要	受入高			払出高			残高		
		数量	単価	金額	数量	単価	金額	数量	単価	金額
6/1	前月繰越	120	400	48,000				120	400	48,000
6/4	仕入	280	440	123,200				⎡120	400	48,000
								⎣280	440	123,200
6/8	払出				⎡120	400	48,000			
					⎣ 80	440	35,200	200	440	88,000
6/15	仕入	200	460	92,000				⎡200	440	88,000
								⎣200	460	92,000
6/26	払出				⎡200	440	88,000			
					⎣100	460	46,000	100	460	46,000
6/30	次月繰越				100	460	46,000			
		600		263,200	600		263,200			

6月の材料消費高：48,000円 + 35,200円 + 88,000円 + 46,000円 = 217,200円

② 移動平均法

材料元帳
P材料

令和○年	摘要	受入高			払出高			残高		
		数量	単価	金額	数量	単価	金額	数量	単価	金額
6/1	前月繰越	120	400	48,000				120	400	48,000
6/4	仕入	280	440	123,200				400	428	171,200
6/8	払出				200	428	85,600	200	428	85,600
6/15	仕入	200	460	92,000				400	444	177,600
6/26	払出				300	444	133,200	100	444	44,400
6/30	次月繰越				100	444	44,400			
		600		263,200	600		263,200			

6月の材料消費高：85,600 + 133,200 = 218,800円

6 予定消費価格による材料費の計算

　これまで学んだように，実際材料費は実際消費価格と実際消費数量を乗じることで求めます。しかしながら，前節で説明した実際購入原価に基づく実際消費価格の計算は手間がかかります。また，材料の購入原価は需給状態によって大きく変動することがあり，製造する時期によって材料費が大きくなったり小さくなったりするという問題が生じます。

　このような問題を回避するためには，材料の予定消費価格をあらかじめ定めておくことが有効です。この方法を予定価格法といいます。予定価格法では，予定消費価格と実際消費数量を乗じることで予定消費高を求めます。

　ただし，3で学んだ内部材料副費の予定配賦と同様に，予定価格法を用いる場合，予定消費価格と実際消費価格は通常一致しないので，その差額を材料消費価格差異として処理します。材料消費価格差異が正の場合は予定消費価格よりも実際消費価格が小さいので有利差異（貸方差異）といいます。

　逆に，負の場合は予定消費価格より実際消費価格が大きいので不利差異（借方差異）といいます。この材料消費価格差異は毎月把握され，会計期末においてその残高が売上原価に加算もしくは減算されます。

図表2-6　予定価格法による材料費の計算

- ■　予定消費高＝予定消費価格×実際材料消費数量
- ■　材料消費価格差異＝予定消費高－実際消費高
  　　　　　　　　　＝（予定消費価格－実際消費価格）×実際消費数量
  ・正の差異：有利差異（貸方差異）
  ・負の差異：不利差異（借方差異）

> **例題2-3**
>
> 次の【資料】に基づき，①直接材料費，②間接材料費，③材料消費価格差異を計算しなさい。
>
> 【資料】
> 1．材料Xのうち，80個を直接材料として，20個を間接材料として消費した。なお，材料Xの予定消費価格は500円である。
> 2．材料Xの実際消費価格は520円であった。

解答・解説

① 直接材料費＝＠500円×80個＝40,000円
② 間接材料費＝＠500円×20個＝10,000円
③ 材料実際消費高＝＠520円×（80個＋20個）＝52,000円

材料消費価格差異＝（40,000円＋10,000円）－52,000円＝－2,000円（不利差異）

7　月末における材料の管理

　材料費の実際消費数量の計算に継続記録法を用いる場合，材料の正確な払出数量を記録できるので，月末において帳簿上あるべき材料在庫（帳簿上有高）を把握することができます。そして，月末に倉庫にある材料有高を確認することにより（実地棚卸），帳簿上有高と実地棚卸高の差である**棚卸減耗**を把握することができます。

　この棚卸減耗は，材料の変質や蒸発などを原因として生じるものであり，その発生額を**棚卸減耗費**といいます。棚卸減耗費を確認することで，材料管理が適切に実施されているかを判断することができます。

　通常，あらかじめ設定した水準内の棚卸減耗費は正常な原価として製造間接費に集計されます。一方で，あまりにも多額の棚卸減耗費や，盗難や火災といった異常な原因により発生している棚卸減耗費は，製品原価に含めずに非原価として扱い，営業外費用か特別損失として処理されます。

第2章 材料費の計算

図表2-7 材料の月末管理

- 材料の月末管理：月末の実地棚卸高と帳簿上の残高と比較する
  - 正常な棚卸差額（少額）：材料の変質や蒸発が原因
    →棚卸減耗費として製造間接費に集計
  - 異常な棚卸差額（多額）：盗難・火災・水害などが原因
    →製品原価に含めず，営業外費用か特別損失として処理
- 棚卸減耗費：材料の消費価格×（帳簿棚卸数量－実地棚卸数量）

例題2-4

次の【資料】に基づき，当月の棚卸減耗費を計算しなさい。なお，材料の払出単価の計算は先入先出法による。

【資料】
1．当月に材料Yを260kg購入した。購入原価は46,800円であった。
2．当月に材料Yを270kg消費した。なお，材料Yの月初有高は40kgであり，購入単価は190円であった。
3．材料Yの月末の実地棚卸数量は27kgであった。なお，棚卸減耗は正常な範囲の数量である。

解答・解説

月末における材料Yの帳簿棚卸数量＝40kg＋260kg－270kg＝30kg

当月の棚卸減耗費＝@180円×（30kg－27kg）＝540円

先入先出法により材料の払出単価を計算しているので，月末有高の消費価格は当月購入分の購入単価（46,800円÷260kg＝@180円）となる。

◆練習問題
　　　　　　　　　　　　　　　　　　　　　　　　（➡解答・解説は153ページ）

2-1　当社は材料仕入に伴う材料副費をすべて材料購入原価に算入している。次の【資料】に基づき，①当月の材料Aの購入単価（1個当たり購入原価）と，②材料副費差異を求めなさい。

【資料】
1. 当月における材料Aの購入代価は816,000円，購入数量は120個であった。材料Bの購入代価は430,000円，購入数量は30個であった。
2. 材料の購入に要した当月の外部材料副費は，材料Aが108,000円，材料Bが54,000円であった。また，内部材料副費は93,000円を予定しており，購入数量を基準として各材料に予定配賦する。
3. 当月の材料副費実際発生額は92,000円であった。

2-2　以下の【資料】から，①材料Aの購入単価と，②材料Bの購入単価を算定しなさい。また，③材料副費差異を求めなさい。

【資料】
1. 材料の購入についての資料

	購入代価	購入数量	外部材料副費
材料A	1,116,000円	90個	85,500円
材料B	570,000円	60個	43,500円

当社は材料の仕入に伴う材料副費をすべて材料購入原価に算入している。内部材料副費は購入代価の3％を予定配賦している。

2. 当月の材料副費実際発生額は55,230円であった。

2-3　次の【資料】に基づき，①先入先出法，②総平均法により当月のX材料の材料消費高を求めなさい。

【資料】
前月繰越の材料は60個（@320円），当月に購入した材料は180個（@310円），当月に払い出した材料は210個である。なお，棚卸減耗は発生していない。

2-4　次の【資料】に基づき，①先入先出法，②移動平均法，③総平均法により8月のY材料の材料消費高を求めなさい。割り切れない場合は小数点第2位以下

を切り捨てること。

【資料】

8月1日	前月繰越	20個	@208円
5日	購　入	120個	@215円
12日	消　費	100個	
23日	購　入	140個	@205円
26日	消　費	150個	

2-5 次の【資料】に基づき，①直接材料費，②間接材料費，③材料消費価格差異を計算しなさい。

【資料】
1．材料Aのうち，120個を直接材料として，50個を間接材料として消費した。なお，材料Aの予定消費価格は@400円である。
2．材料Aの実際消費価格は@390円であった。

2-6 次の【資料】に基づき，当月の棚卸減耗費を計算しなさい。なお，材料の払出単価の計算は先入先出法による。

【資料】
1．当月に材料Zを380kg購入した。購入原価は58,900円であった。
2．当月に材料Zを330kg消費した。なお，材料Zの月初有高は70kgであり，購入単価は162円であった。
3．材料Yの月末の実地棚卸数量は112kgであった。なお，棚卸減耗は正常な範囲の数量である。

2-7 次の【資料】に基づき，当月の棚卸減耗費を計算しなさい。なお，材料の払出単価の計算は総平均法による。

【資料】
1．当月に材料Zを460kg購入した。購入原価は79,200円であった。
2．当月に材料Zを430kg消費した。なお，材料Zの月初有高は40kgであり，購入単価は@170円であった。
3．材料Yの月末の実地棚卸数量は65kgであった。なお，棚卸減耗は正常な範囲の数量である。

第3章

労務費の計算

💡 本章のポイント

本章では,製造原価のうち労務費の計算を説明します。労務費は形のない(無形の)労働力の消費により発生する原価であり,材料費よりもイメージしにくいですが,基本的には材料費と同じように計算することができます。

1　労務費の定義と分類

労務費とは,工場で発生する製造原価のうち,作業員や管理者といった,工場で働く人々の労働力の消費により発生する原価です。労働力は目に見えませんが,製品を製造するために人が提供する価値であり,その消費額を原価と考えます。労務費は,次のように分類されます。

図表3-1　労務費の分類

- 賃金:工員の労働力消費に対して支払われる給与
- 給料:事務員や管理職の労働力消費に対して支払われる給与
- 雑給:臨時雇いやパートタイマーの労働力消費に対して支払われる給与
- 従業員賞与手当:賞与や住宅手当,通勤手当などの諸手当
- 退職給付費用:退職一時金や退職年金の積立費用
- 法定福利費:健康保険や厚生年金保険支払額のうちの会社負担額

賃金とは,工場で加工作業に携わる工員の労働力の消費に対して支払われる

給与です。**給料**は，工場で働く事務員や管理者，いわゆるホワイトカラーの労働力消費に対して支払われる給与です。**雑給**とは，臨時雇いやパートタイム労働者の労働力消費に対して支払われる給与です。**従業員賞与手当**とは，従業員に対する手当や賞与（ボーナス）の支払額のことです。**退職給付費用**は，従業員が将来受け取る退職金の積立費用のことです。最後に**法定福利費**とは，従業員が支払う健康保険料や厚生年金保険料のうち会社側の負担額のことです。

2　賃金の計算

　労務費のうち，賃金は工員の労働力消費に対して発生するものです。賃金の消費高は，工員に対する賃金の支払高が影響します。高い賃金を支払っている工員の労働力を消費すれば，賃金の消費高は大きくなり，低い賃金を支払っている工員の労働力を消費すれば，賃金の消費高は小さくなります。したがって，賃金の消費高を計算するためには，まず，工員に対して支払われる賃金を計算する必要があります。

3　支払賃金の計算

　工員の労働に対して支払われる賃金を**支払賃金**といいます。支払賃金は，基本賃金に加給金を加えて計算されます。基本賃金は就業時間や出来高をもとに計算されます。加給金には超過勤務手当（残業代）や特殊勤務手当などがあります。この支払賃金に家族手当や住宅手当などの諸手当を加えたものが給与支給総額です。ここから社会保険料や所得税などを控除して現金支給額が計算されます。このうち支払賃金の金額が次節で説明する消費賃率の計算に利用されます。

第3章　労務費の計算

図表3－2　支払賃金の計算

- 支 払 賃 金＝基本賃金（支払賃率×実際就業時間）＋加給金
- 給与支給総額＝支払賃金＋諸手当（家族手当等）
- 現 金 支 給 額＝給与支給総額－（社会保険料控除額＋所得税控除額）

4　消費賃金の計算

　工具には，製品の加工作業を行う**直接工**と，製品の加工作業ではなく間接的な作業に従事する**間接工**があります。直接工の労働力の消費により発生する賃金を**直接工賃金**といい，間接工の労働力の消費により発生する賃金を**間接工賃金**といいます。消費賃金の計算方法は，直接工と間接工で異なります。直接工賃金は，**消費賃率**に**作業時間**を乗じてその消費額を計算します。消費賃率とは，直接工の労働力を1時間消費したときに消費される賃金のことです。消費賃率は工具に支払われる支払賃金をもとに算定されます。作業時間とは，直接工が作業に従事している時間のことです。直接工賃金は作業時間の区分により，**直接賃金**，**間接作業賃金**，**手待賃金**に区分されます。一方で，間接工賃金は，1カ月間の間接工に対する支払賃金（要支払額）をもとに計算されます。

図表3－3　消費賃金の計算

- ■ 直 接 工 賃 金：製品の加工に従事する直接工の賃金
  - ・直 接 賃 金：（直接作業時間）　　┐
  - ・間接作業賃金：（間接作業時間）　　├×（消費賃率）
  - ・手 待 賃 金：（手待時間）　　　　┘
- ■ 間 接 工 賃 金：間接的な作業に従事する間接工の賃金
  - ・間 接 工 賃 金：要支払額

（1）　消費賃率の計算

　消費賃率は直接工への支払賃金をその就業時間で割ることで計算されます。

消費賃率には，**個別賃率**，**職種別平均賃率**，**総平均賃率**があります。個別賃率とは，個々の直接工への支払賃金をその直接工の就業時間で割ることで計算され，個々の直接工に賃率が設定されます。次に，職種別平均賃率とは，職種ごとの直接工への支払賃金合計額を，その職種の就業時間合計で割ることで計算されます。総平均賃率とは，工場内の直接工への支払賃金合計額を，直接工の就業時間合計で割ることによって求められます。

図表3－4　消費賃率の計算

- 個　別　賃　率＝直接工の支払賃金÷就業時間
- 職種別平均賃率＝各職種の支払賃金合計÷各職種の就業時間合計
- 総　平　均　賃　率＝直接工支払賃金合計÷工場の就業時間合計

（2）　就業時間の区分

直接工の就業時間は，その業務の内容に応じて**直接作業時間**，**間接作業時間**，**手待時間**に分けられます。直接作業時間は，直接工がその技能を発揮して本来求められる作業を実施している時間のことです。間接作業時間は，直接工が本来求められる作業以外の作業を実施している時間のことです。手待時間は，直接工が何も作業していない時間のことです。これらの時間に消費賃率を掛け合わせることで，それぞれ直接賃金，間接作業賃金，手待賃金が計算されます。

これら直接工賃金のうち，直接賃金は，どの製品の製造のために発生したのかが把握できる直接作業時間に対して発生しており，製品ごとにその発生額を跡づけることができるので**直接労務費**として製品に直課します。一方，間接作業賃金や手待賃金は，どの製品の加工に対して発生したのかが容易にわからないので，**間接労務費**として製造間接費に集計されます。

このように，直接工賃金は直接労務費として製品に直課する直接賃金と間接労務費として製造間接費に集計する間接作業賃金および手待賃金が区分されます。労務費のうち，直接労務費として製品に直課されるのは，直接工賃金の直接賃金のみです。それ以外の労務費はすべて間接労務費となります。

図表3－5　直接工の作業時間

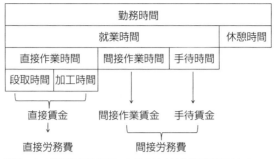

製品ごとの消費時間を把握できるのは直接作業時間だけなので，直接賃金のみが直接労務費となり，製品に直課される。

例題3-1　直接工の消費賃金の計算

次の【資料】にもとづき，直接工賃金における直接労務費と間接労務費を計算しなさい。

【資料】

① 直接工への当月支払賃金　600,000円
② 当月の作業時間の内訳：直接作業時間　190時間
　　　　　　　　　　　　　間接作業時間　60時間

解答・解説

実際総平均賃率＝600,000円÷(190時間＋60時間)＝@2,400円

直接労務費＝@2,400円×190時間＝456,000円

間接労務費＝@2,400円×60時間＝144,000円

5　間接工賃金の計算

　間接工とは，製品に対して直接加工作業を行わず，設備の修繕や材料の運搬といった間接的な作業をする工員のことです。これらの作業はその作業時間を製品ごとに跡付けることが困難なので，間接工賃金は間接労務費として製造間

接費に集計されます。したがって，直接工賃金のように，消費賃率と作業時間を乗じるのではなく，1カ月の作業に対する支払賃金をもとに，その賃金消費高を計算します。

ただし，給与の支払期間が原価計算期間（1日から月末まで）とずれている場合は注意が必要です。原価計算期間に対応する支払賃金を計算し，それをもって賃金消費高とする必要があります。

図表3－6は，9月の賃金支払高と賃金消費高の関係を示しています。給与計算期間である8/21～9/20の労働に対して9月の支払賃金が計算されます。一方で，原価計算期間は9/1～9/30ですから，この期間に対する支払賃金をもって9月の消費賃金と考えなくてはなりません。

したがって，原価計算期間に対応する支払賃金（これを**要支払額**といいます）を計算するために，9月の支払賃金から前月の未払賃金（前月の労働に対して支払われた分）を差し引き，当月の未払賃金（当月の労働に対してまだ支払われていない分）を加えます。

図表3－6 未払賃金の処理

前月未払高 8/21～8/31	原価計算期間（当月賃金消費高）	
8/21　　　　　9/1	9/20	9/30
給与計算期間（当月賃金支払高）		当月未払高 9/21～9/30

当月賃金消費高＝当月賃金支払高－前月未払高＋当月未払高

例題3-2 間接工の消費賃金の計算

次の【資料】に基づき，当月の間接工の賃金消費高を計算しなさい。

【資料】
① 当月の間接工への賃金支払高は1,600,000円である。このうち，200,000円は前月分の未払高である。
② 当月末において，間接工への未払賃金を350,000円計上している。

解答・解説

当月の間接工賃金消費高 = 1,600,000円 − 200,000円 + 350,000円
　　　　　　　　　　 = 1,750,000円

6　その他の労務費の計算

　賃金以外の労務費である給料，雑給は，1カ月の労働に対して支払われた金額をその消費高として計算します。従業員賞与手当や退職給付費用，法定福利費は実際発生額や月割額を消費高とします。

◆練習問題

（➡解答・解説は156ページ）

3-1　次の【資料】に基づき，直接工賃金における直接労務費と間接労務費を計算しなさい。

【資料】
① 直接工への当月支払賃金　840,000円
② 当月の作業時間の内訳：直接作業時間　340時間，間接作業時間　80時間

3-2　次の【資料】に基づき，①職種別平均賃率と②総平均賃率を求めなさい。

【資料】

	支払賃金合計	就業時間合計
職種A	602,000円	280時間
職種B	478,000円	200時間

3-3 次の【資料】に基づき，直接工賃金における①直接労務費と②間接労務費を求めなさい。賃率は総平均賃率による。

【資料】

	支払賃金合計	直接作業時間	間接作業時間
職種A	513,000円	140時間	100時間
職種B	369,000円	90時間	30時間

3-4 次の【資料】に基づき，当月の間接工賃金の消費賃金を計算しなさい。

【資料】
1. 当月の間接工への賃金支払高は2,400,000円である。このうち，430,000円は前月分の未払高である。
2. 当月末において，間接工への未払賃金を380,000円計上している。

第 4 章

経費の計算

💡 本章のポイント

本章では,製造原価のうち経費の計算を説明します。経費にはさまざまな費目が含まれています。経費は,その消費額の計算方法により4つに区分されます。

1　経費の定義と分類

経費とは,製造原価のうち,材料費と労務費以外の原価と定義されます。この定義からわかるように,経費にはさまざまな費目が含まれています。経費に含まれる費目は次のとおりです。

図表4－1　経費の分類

- 外注加工賃：外部業者に支払われる加工賃
- 旅費交通費：工場従業員の出張旅費や交通費など
- 通信費：工場で発生する電話代や切手代など
- 保険料：工場設備への火災保険料など
- 減価償却費：工場設備の減価償却費
- 電力料：工場で使用される電力料金
   その他,賃借料,修繕費,水道料,保管料,雑費など

これらのうち,特定の製品を製造するために発生したことがわかる経費を**直**

接経費といい，製品に直課されます。直接経費には，外注加工賃や特許権使用料などがあります。一方で，どの製品の製造のために発生したのかがわからない経費を**間接経費**といい，製造間接費に集計されます。

図表4－2　直接経費と間接経費

- 直接経費：外注加工賃，仕損費，特許権使用料など
  →製品に直課
- 間接経費：直接経費以外の経費
  →製造間接費として集計

2　経費の計算方法

経費は，その消費高の計算方法により，**支払経費**，**測定経費**，**月割経費**，**発生経費**の4つに分類されます。

（1）　支払経費

支払経費は，支払伝票や支払請求書に記載された現金支払額や支払請求額にもとづいて当月の消費高を計算します。支払経費には，外注加工賃，旅費交通費，通信費，修繕料，保管料などがあります。通常，経費の支払期間や請求期間は原価計算期間とずれているので，前月前払高，前月未払高，当月前払高，当月未払高が生じます。よって，原価計算期間に対応するように当月消費高を算定する必要があります。この計算は，次のようになります。

当月消費高＝当月支払高＋前月前払高－前月未払高－当月前払高＋当月未払高

（2）　測定経費

測定経費は，当月の実際消費量をメーターなどで計量し，これに料率を乗じた金額を当月消費高とする経費です。測定経費には消費量が測定可能である電

力料，ガス代，水道料などがあります。

（3） 月割経費

月割経費は，1年あるいは数カ月の支払額を月割りして当月消費高を計算する経費です。月割経費には，数か月や1年分を前払いする賃借料や保険料などがあります。また，減価償却費は年度の初めに年間償却額が把握できるので，これも月割経費として消費高を計算します。

（4） 発生経費

発生経費は，当月の発生額がそのまま当月消費高となる経費です。発生経費には，棚卸減耗費や仕損費（製品の製造に失敗したときに発生する損失）などがあります。たとえば，材料の棚卸減耗費の場合，材料の月末帳簿棚卸高と月末実地棚卸高の差額である当月発生額をそのまま当月消費高として計算します。

例題4-1　経費の直接工の消費賃金の計算

次の【資料】より，各経費費目の当月消費高を計算しなさい。

【資料】

外注加工賃：当月支払高9,000円，前月未払高2,500円，当月未払高1,800円

通　信　費：当月支払高5,500円，前月前払高900円，当月前払高1,300円

水　道　料：当月支払高4,400円，当月消費量350㎥，単位価格@12円

減価償却費：年間の減価償却費予定発生額72,000円

棚卸減耗費：材料帳簿棚卸高38,000円，材料実地棚卸高37,600円

解答・解説

外注加工賃（支払経費）　9,000円 − 2,500円 + 1,800円 = 8,300円

通信費（支払経費）　5,500円 + 900円 − 1,300円 = 5,100円

水道料（測定経費）　350㎥ × @12円 = 4,200円

減価償却費（月割経費）　72,000 ÷ 12カ月 = 6,000円

棚卸減耗費（発生経費）　38,000円 − 37,600円 ＝ 400円

◆練習問題
（➡解答・解説は157ページ）

4-1 次の【資料】に基づき，各経費についての当月消費高を計算しなさい。

【資料】

外注加工賃：当月支払高15,000円，前月未払高3,800円，当月未払高2,500円

保　険　料：当月支払高28,000円，前月前払高1,200円，当月前払高1,700円

ガ　ス　代：当月支払高8,300円，当月消費量470㎥，単位価格@15円

減価償却費：年間の予定発生額456,000円

棚卸減耗費：材料帳簿棚卸高52,300円，材料実地棚卸高48,900円

第5章

製造間接費の計算

💡 本章のポイント

　第2章から第4章において，製造原価である材料費，労務費，経費について，各費目の原価発生額を計算し，それらを製造直接費と製造間接費に区分しました。これらのうち，製造直接費はどの製品に対して発生したのかを把握できるため，その発生額を製品に直課します。一方，製造間接費はどの製品のために発生したのかを把握することが難しいため，何らかの基準を用いて，各製品に配賦されます。

　本章では，製造間接費の製品への配賦方法として実際配賦法と予定配賦法を説明し，予定配賦法を用いた場合に生じる製造間接費配賦差異について説明します。

図表5－1　製造直接費と製造間接費の計算の流れ

1　製造間接費の配賦基準

　製造間接費を各製品に配賦するには，製造間接費の配賦基準を設定する必要

があります。製造間接費の配賦基準は，製造間接費の発生と関係のある指標が選択されます。設定した配賦基準の数値がある製品において大きく（小さく）なれば，その製品の製造間接費発生額が増加（減少）するという関係を仮定します。一般に，配賦基準には，直接作業時間や機械運転時間，生産量などが選択されます。たとえば，直接作業時間を配賦基準とする場合には，直接作業時間が増加すれば，その作業に関連して製造間接費が多く発生するという関係を仮定しています。

2 製造間接費の実際配賦

まず，製造間接費の実際配賦について説明します。実際配賦では，1カ月の製造間接費実際発生額を製品に配賦します。そのために，まず，1カ月の製造間接費発生額を1カ月当たり実際配賦基準数値の合計で割ることにより，**実際配賦率**を求めます。実際配賦率は，配賦基準数値当たりの製造間接費発生額を意味しています。この実際配賦率に各製品の実際配賦基準数値乗じることによって，各製品への**実際配賦額**を計算します。これを**実際配賦法**といいます。

図表5－2　実際発生額の計算

実際配賦率＝製造間接費実際発生額÷実際配賦基準数値合計
実際配賦額＝実際配賦率×各製品の実際配賦基準数値

例題5-1　製造間接費の実際配賦

次の【資料】に基づき，6月の各製品への製造間接費実際配賦額を計算しなさい。

【資料】
① 6月の製造間接費実際発生額は360,000円であった。
② 製造間接費は直接作業時間を基準に，製品Xと製品Yに実際配賦している。6月の直接作業時間は，製品Xが350時間，製品Yが550時間で

あった。

解答・解説

6月の製造間接費実際配賦率＝360,000円÷（350時間＋550時間）＝@400円

6月の製造間接費実際配賦額

　製品X：@400円×350時間＝140,000円

　製品Y：@400円×550時間＝220,000円

　ただし，実際配賦にはいくつかの問題があります。まず，1カ月当たりの製造間接費実際発生額がわからないと，配賦計算を始めることができません。つまり，ある月に作られた製品への製造間接費実際配賦額は，その月の製造間接費実際発生額が確定する次月以降にならないと計算ができず，製品原価の計算が遅くなってしまいます。

　また，製造間接費の実際発生額や配賦基準数値の合計額は月により変動します。たとえば，1月や8月など休日が多く，工場の稼働日数が少ない月には，実際配賦率は大きくなります。なぜならば，工場の稼働日数が少なくなっても，製造間接費の実際発生額はそれほど減少しないからです。したがって，それらの月に生産した製品への製造間接費配賦額は多くなり，結果として製品原価が高く計算されます。逆に，6月などは休日がないので，各製品への実際配賦額は少なくなり，製品原価が低くなるでしょう。

　このような実際配賦率の変動により製品原価が影響を受けることは，原価管理上望ましくありません。原価は製造プロセスの能率を反映すべきものであり，製造した時期による変動は取り除かれるべきだからです。実際配賦にはこのような問題があるため，次に説明する予定配賦を行うことが望ましいと考えられています。

3 製造間接費の予定配賦

製造間接費の予定配賦では，製造間接費の予定発生額を製品に配賦します。まず，各年度が始まる前に，次年度に発生する製造間接費を予測し，製造間接費予算額を見積もります。そして，製造間接費予算額を1年間に予想される配賦基準数値の合計で割ることにより，**予定配賦率**を求めます。この予定配賦率に各製品の実際配賦基準数値を乗じることによって，各製品への**予定配賦額**を計算します。これを**予定配賦法**といいます。

図表5－3　予定配賦額の計算

予定配賦率＝製造間接費予算額÷予定配賦基準数値合計
予定配賦額＝予定配賦率×各製品の実際配賦基準数値

例題5-2　製造間接費の予定配賦

次の【資料】に基づき，6月の各製品への製造間接費予定配賦額を計算しなさい。

【資料】
① 年間の製造間接費予算額は4,332,000円である。
② 製造間接費は直接作業時間を基準に予定配賦している。年間の直接作業時間は11,400時間を予定している。
③ 6月の実際の直接作業時間は，製品Xが350時間，製品Yが550時間であった

解答・解説

製造間接費予定配賦率＝4,332,000円÷11,400時間＝＠380円
6月の製造間接費予定配賦額
製品X：＠380円×350時間＝133,000円
製品Y：＠380円×550時間＝209,000円

予定配賦を用いれば，実際配賦の問題点を解消できます。予定配賦率をあらかじめ設定するので，製品が完成した段階で製造間接費を配賦できます。また，年間を通して同じ予定配賦率を使用すること，製造間接費配賦額の季節的な変動をなくすことができます。さらに大きな利点として，製造間接費の予定配賦額と実際発生額を比較することで，製造間接費を発生させる活動の能率を測定できることができます。

4　製造間接費配賦差異の計算

製造間接費を予定配賦する場合，通常，製造間接費の製品への予定配賦額と実際発生額は一致しません。予定配賦額と実際発生額の差額は**製造間接費配賦差異**と呼ばれ，次の式で算定されます。

　　　製造間接費配賦差異＝製造間接費予定配賦額－製造間接費実際発生額

この差異がプラスの場合は予定配賦額よりも実際発生額が少なかったことを意味し，有利差異（貸方差異）といいます。逆に，マイナスの場合は，予定配賦額よりも実際発生額が多かったことを意味し，不利差異（借方差異）といいます。製造間接費配賦差異は，予定配賦率と実際配賦率の相違が原因であり，この差異を算定することにより，製造間接費を発生させる活動が予算どおりに実行されたのかを確認することができます。製造間接費配賦差異は，製造間接費の管理に役立つ情報といえます。

製造間接費を管理するには，この差異をさらに分析していくことが有効です。これについては，第9章の標準原価計算で詳しく説明します。

図表5－4　製造間接費配賦差異の計算

製造間接費配賦差異＝製造間接費予定配賦額－製造間接費実際発生額
予定配賦額＞実際発生額　：　有利差異（貸方差異）
予定配賦額＜実際発生額　：　不利差異（借方差異）

例題5-3 製造間接費配賦差異の計算

例題5-1と例題5-2の【資料】に基づき，6月の製造間接費配賦差異を求めなさい。

解答・解説

6月の製造間接費予定配賦額＝＠380円×（350時間＋550時間）＝342,000円

6月の製造間接費実際発生額＝360,000円

製造間接費配賦差異＝342,000円－360,000円＝－18,000円（不利差異）

◆練習問題

(➡解答・解説は157ページ)

5-1 次の【資料】に基づき，各製品への製造間接費実際配賦額を計算しなさい。

【資料】

1. 今月の製造間接費実際発生額は153,000円であり，直接作業時間を基準に各製品に実際配賦している。
2. 各製品の直接作業時間

	直接作業時間
製品A	160時間
製品B	180時間

5-2 次の【資料】に基づき，各製品への製造間接費実際配賦額を計算しなさい。

【資料】

1. 今月の製造間接費実際発生額は417,600円であり，直接作業時間を基準に各製品に実際配賦している。
2. 各製品の直接作業時間

	直接作業時間
製品C	340時間
製品D	210時間
製品E	170時間

5-3 次の【資料】に基づき，各製品への①製造間接費予定配賦額を計算し，②製造間接費配賦差異を求めなさい。

【資料】
1．年間の製造間接費予算額は3,432,000円である。
2．製造間接費は直接作業時間を基準に予定配賦している。年間の直接作業時間は7,150時間を予定している。
3．各製品の当月直接作業時間

	直接作業時間
製品F	320時間
製品G	230時間

4．当月の製造間接費実際発生額は279,000円と判明した。

5-4 次の【資料】に基づき，各製品への①製造間接費予定配賦額を計算し，②製造間接費配賦差異を求めなさい。

【資料】
1．年間の製造間接費予算額は5,166,000円である。
2．製造間接費は直接作業時間を基準に予定配賦している。年間の直接作業時間は12,300時間を予定している。
3．各製品の当月直接作業時間

	直接作業時間
製品H	580時間
製品 I	340時間
製品 J	220時間

4．当月の製造間接費実際発生額は492,500円と判明した。

第 6 章

部門費の計算

💡 **本章のポイント**

　第5章では，単一の配賦基準を用いて製造間接費を各製品に配賦する方法を学びました。この方法は，比較的小規模で製造間接費の発生額が少ない工場で採用されます。一方で，比較的大規模で製品種類が多く，製造間接費の発生額が多い工場では，製造間接費を工場の部門ごとに集計し，そこから製品に配賦する部門別計算が採用されます。本章では，この製造間接費の部門別計算の意義や計算手続きについて学びます。

1　部門別計算の意義

　製造間接費はどの製品の製造のために発生したのかがわからないため，何らかの基準を用いて各製品に配賦する必要があります。第5章では，単一の配賦基準を用いて製造間接費を各製品に配賦する方法を学びました。ただし，製造間接費を発生させる要因は多様なので，必ずしもすべての製造間接費が単一の配賦基準数値に対して比例的に発生するわけではありません。したがって，単一の配賦基準を用いて製造間接費を配賦すると，計算される製品原価が正確ではなくなるおそれがあります。このことは，製造工程が単純で製造間接費の発生額が少ない工場においては大きな問題にはなりませんが，製造工程が複雑で製品種類が多く，製造間接費の発生額が多い工場では，計算される製品原価が

大きくゆがむおそれがあります。

　そこで，正確な製品原価を計算するために，まず製造間接費をそれが発生する場所である**原価部門**ごとに集計し，次に原価部門に集計された製造間接費をその原価部門の製造間接費の発生と関係のある配賦基準を用いて配賦するという方法がとられます。これを**部門別計算**といいます。部門別計算とは，費目別計算において把握された製造原価全額もしくはその一部を原価部門別に分類，集計する手続きのことです。ここでは製造間接費を対象とした部門別計算を説明します。部門別計算の意義には大きく2つあります。1つは正確な製品原価計算です。部門別計算では，原価部門ごとに部門費の発生と因果関係があると思われる適切な配賦基準を設定できるので，単一の配賦基準を用いて製造間接費を製品に配賦するよりも正確な製品原価計算が可能になると考えられます。

　もう1つの意義は原価管理にあります。製造間接費の発生額を原価部門ごとに把握できるので，原価部門ごとの製造間接費の発生額を管理でき，原価部門管理者の責任と結びつけることで，より効果的な原価管理が可能になると考えられます。

2　原価部門

　部門別計算では，製造間接費は原価部門に集計されます。原価部門は，原価を集計する計算上の区分であり，いくつかの作業工程や部門をまとめて設定されます。原価部門は大きく**製造部門**と**補助部門**に分けられます。製造部門は製品の加工に直接関与する部門であり，加工部門や組立部門などがあります。補助部門は製品の加工に直接関与しませんが，製造部門や他の補助部門の活動をサポートする部門です。これには補助経営部門と工場管理部門があります。補助経営部門とは，自部門が生み出した用役を他部門に提供する部門であり，動力部や修繕部などがあります。工場管理部門とは工場全体の管理を担当する部門であり，工場事務部，労務部などがあります。

図表 6 − 1　原価部門の種類

- 製造部門：製品の製造に直接関与する部門
  - 機械加工部，組立部など
- 補助部門：製造には直接関与せず，他部門の支援活動を行う部門
  - 補助経営部門（動力部，修繕部，運搬部，検査部など）
  - 工場管理部門（工場事務部，労務部，企画部など）

3　部門別計算の手続き

図表 6 − 2　部門別計算の流れ

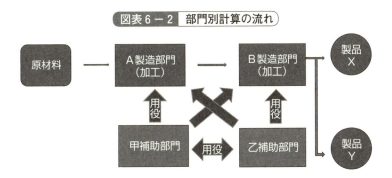

　図表 6 − 2 は部門別計算の流れを示しており，4 つの原価部門により製品Xと製品Yが生産されています。まず，原材料がA製造部門に投入され加工されます。A製造部門での加工を終了したものはB製造部門に加工が引き継がれ，製品Xと製品Yが完成します。一方，甲補助部門と乙補助部門は，加工には直接関与せず，他部門に対して用役を提供しています。

　部門別計算では，部門間の用役の提供の流れに従い，3 つの段階を経て製造間接費が製品に配賦されます。まず第 1 段階として，各原価部門に対して製造間接費を集計し，**部門費**を計算します。次に第 2 段階として，補助部門に集計された**補助部門費**を製造部門に配賦します。最後に第 3 段階として，製造部門に集計された**製造部門費**を各製品に配賦します。

図表6－3　部門別計算の手順

第1段階：製造間接費の各原価部門への集計
第2段階：補助部門費の各製造部門への配賦
第3段階：製造部門費の各製品への配賦

（1）　第1段階：製造間接費の各原価部門への集計

まず，製造間接費を各原価部門に集計します。ただし，製造間接費には，ある原価部門で発生したことが直接認識できる**部門個別費**と，2つ以上の原価部門で共通して発生する**部門共通費**があります。部門個別費には原価部門で使用する設備の減価償却費やそこで作業する間接工賃金などがあります。これらは発生する場所が特定されているので，各原価部門に直課されます。

一方で，部門共通費には工場長の給料や工場建物の減価償却費などがあるのですが，これらは特定の原価部門に跡付けることが難しいので，各費目の発生に関係のある配賦基準を用いて原価部門に配賦します。

例題6-1　部門費集計表の作成

次の【資料】に基づき，6月の部門費集計表を作成しなさい。

【資料】

部門個別費と部門共通費

	合計	加工部門	組立部門	動力部門	修繕部門	工場事務部門
部門個別費	7,100,000円	3,000,000円	2,500,000円	826,000円	500,000円	244,000円
部門共通費						
福利厚生費	480,000円					
建物減価償却費	1,000,000円					
部門共通費配賦基準						
従業員数（福利厚生費）	60人	26人	18人	8人	6人	2人
占有床面積（建物減価償却費）	2,000㎡	800㎡	600㎡	300㎡	180㎡	120㎡

第6章 部門費の計算

部門費集計表　　　　　　　　　（単位：円）

	合計	製造部門		補助部門		
		加工部門	組立部門	動力部門	修繕部門	工場事務部門
部門個別費	7,070,000	3,000,000	2,500,000	826,000	500,000	244,000
部門共通費						
福利厚生費	480,000					
建物減価償却費	1,000,000					
部門費合計	8,550,000					

解答・解説

部門費集計表　　　　　　　　　（単位：円）

	合計	製造部門		補助部門		
		加工部門	組立部門	動力部門	修繕部門	工場事務部門
部門個別費	7,070,000	3,000,000	2,500,000	826,000	500,000	244,000
部門共通費						
福利厚生費	480,000	208,000	144,000	64,000	48,000	16,000
建物減価償却費	1,000,000	400,000	300,000	150,000	90,000	60,000
部門費合計	8,550,000	3,608,000	2,944,000	1,040,000	638,000	320,000

部門個別費は各原価部門に直課されます。部門共通費である福利厚生費と建物減価償却費は，部門共通費配賦基準に基づき，各原価部門に配賦されます。

- 福利厚生費の各原価部門への配賦

　　実際配賦率　　480,000円÷60人＝@8,000円

　　加工部門への実際配賦額　　　@8,000円×26人＝208,000円

　　組立部門への実際配賦額　　　@8,000円×18人＝144,000円

　　動力部門への実際配賦額　　　@8,000円× 8人＝ 64,000円

　　修繕部門への実際配賦額　　　@8,000円× 6人＝ 48,000円

　　工場事務部門への実際配賦額　@8,000円× 2人＝ 16,000円

- 建物減価償却費の各原価部門への配賦

　　実際配賦率　　1,000,000円÷2,000㎡＝@500円

　　加工部門への実際配賦額　　　@500円×800㎡＝400,000円

　　組立部門への実際配賦額　　　@500円×600㎡＝300,000円

　　動力部門への実際配賦額　　　@500円×300㎡＝150,000円

修繕部門への実際配賦額　　@500円×180㎡＝90,000円
　　工場事務部門への実際配賦額　@500円×120㎡＝60,000円

（２）　第２段階：補助部門費の製造部門への配賦

　補助部門は製品の加工に直接関与しないので，補助部門に集計された補助部門を製品に配賦する適切な配賦基準を設定することは困難です。それよりも，補助部門は製造部門や他部門の活動を支援するために用役を提供しているので，補助部門費は補助部門が製造部門に対して提供する用役の割合に応じて他の原価部門に配賦されます。ただし，補助部門が他の補助部門に用役を提供している場合，その補助部門費は他の補助部門にも配賦されるため，配賦計算をしても補助部門費が他の補助部門に残ってしまいます。この問題に対処する方法として，ここでは**直接配賦法**と**相互配賦法（簡便法）**を説明します。

直接配賦法

　直接配賦法は，補助部門は製造部門にのみ用役を提供し，補助部門間の用役の授受がないものと仮定して，補助部門費を製造部門にのみ配賦する方法です。そのため，製造部門への補助部門費配賦額は，製造部門に関わる配賦基準数値を用いて計算します。

例題6-2　**直接配賦法による補助部門費配賦表の作成**

次の【資料】に基づき，直接配賦法により６月の補助部門費配賦表を作成しなさい。

【資料】

補助部門費配賦基準

	加工部門	組立部門	動力部門	修繕部門	工場事務部門
動力部門費（動力消費量）	3,000kwh	2,000kwh	－	200kwh	－
修繕部門費（修繕時間）	150時間	50時間	20時間	－	－
工場事務部門費（従業員数）	10人	15人	4人	3人	2人

第6章 部門費の計算

補助部門費配賦表　　　　　　　（単位：円）

	合計	製造部門		補助部門		
		加工部門	組立部門	動力部門	修繕部門	工場事務部門
部門費	8,550,000	3,608,000	2,944,000	1,040,000	638,000	320,000
動力部門費	1,040,000					
修繕部門費	638,000					
工場事務部門費	320,000					
製造部門費						

解答・解説

補助部門費配賦表　　　　　　　（単位：円）

	合計	製造部門		補助部門		
		加工部門	組立部門	動力部門	修繕部門	工場事務部門
部門費	8,550,000	3,608,000	2,944,000	1,040,000	638,000	320,000
動力部門費	1,040,000	624,000	416,000			
修繕部門費	638,000	478,500	159,500			
工場事務部門費	320,000	128,000	192,000			
製造部門費		4,838,500	3,711,500			

　直接配賦法では補助部門間の用役の授受を無視し，補助部門費を製造部門にのみ配賦します。

- 動力部門費の配賦

　　実際配賦率　1,040,000円÷（3,000kwh＋2,000kwh）＝＠208円

　　　加工部門への実際配賦額　＠208円×3,000kwh＝624,000円

　　　組立部門への実際配賦額　＠208円×2,000kwh＝416,000円

- 修繕部門費の配賦

　　実際配賦率　638,000円÷（150時間＋50時間）＝＠3,190円

　　　加工部門への実際配賦額　＠3,190円×150時間＝478,500円

　　　組立部門への実際配賦額　＠3,190円×50時間＝159,500円

- 工場事務部門費の配賦

　　実際配賦率　320,000円÷（10人＋15人）＝＠12,800円

　　　加工部門への実際配賦額　＠12,800円×10人＝128,000円

　　　組立部門への実際配賦額　＠12,800円×15人＝192,000円

相互配賦法（簡便法）

相互配賦法（簡便法）は，2段階の配賦計算を実施します。まず第1次配賦では補助部門間の用役の授受に沿って補助部門費を他の原価部門（自部門を除く）に配賦します。次に第2次配賦では，第1次配賦で他の補助部門から配賦された補助部門費を，直接配賦法を用いて製造部門に配賦します。

例題6-3　相互配賦法（簡便法）による補助部門費配賦表の作成

例題6-2の【資料】に基づき，相互配賦法（簡便法）により6月の補助部門費配賦表を作成しなさい。

補助部門費配賦表　　　　　　（単位：円）

	合計	製造部門		補助部門		
		加工部門	組立部門	動力部門	修繕部門	工場事務部門
部門費	8,550,000	3,608,000	2,944,000	1,040,000	638,000	320,000
動力部門費	1,014,000					
修繕部門費	638,000					
工場事務部門費	320,000					
動力部門費						
修繕部門費						
製造部門費						

解答・解説

（第1次配賦）

補助部門費配賦表　　　　　　（単位：円）

	合計	製造部門		補助部門		
		加工部門	組立部門	動力部門	修繕部門	工場事務部門
部門費	8,550,000	3,608,000	2,944,000	1,040,000	638,000	320,000
動力部門費	1,040,000	600,000	400,000	－	40,000	－
修繕部門費	638,000	435,000	145,000	58,000	－	－
工場事務部門費	320,000	100,000	150,000	40,000	30,000	－
				98,000	70,000	
動力部門費						
修繕部門費						
製造部門費						

相互配賦法（簡便法）では，まず第1次配賦として補助部門間の用役の授受に沿って補助部門費を他部門に配賦します。

- 動力部門費の配賦

  実際配賦率　1,040,000円÷（3,000kwh＋2,000kwh＋200kwh）＝＠200円

  　　加工部門への実際配賦額　＠200円×3,000kwh＝600,000円

  　　組立部門への実際配賦額　＠200円×2,000kwh＝400,000円

  　　修繕部門への実際配賦額　＠200円×　200kwh＝40,000円

- 修繕部門費の配賦

  実際配賦率　638,000円÷（150時間＋50時間＋20時間）＝＠2,900円

  　　加工部門への実際配賦額　＠2,900円×150時間＝435,000円

  　　組立部門への実際配賦額　＠2,900円×50時間＝145,000円

  　　動力部門への実際配賦額　＠2,900円×20時間＝58,000円

- 工場事務部門費の配賦

  実際配賦率　320,000円÷（10人＋15人＋4人＋3人）＝＠10,000円

  　　加工部門への実際配賦額　＠10,000円×10人＝100,000円

  　　組立部門への実際配賦額　＠10,000円×15人＝150,000円

  　　動力部門への実際配賦額　＠10,000円×4人＝40,000円

  　　修繕部門への実際配賦額　＠10,000円×3人＝30,000円

（第2次配賦）

補助部門費配賦表　　　　　　　　　（単位：円）

	合計	製造部門		補助部門		
		加工部門	組立部門	動力部門	修繕部門	工場事務部門
部門費	8,550,000	3,608,000	2,944,000	1,040,000	638,000	320,000
動力部門費	1,040,000	600,000	400,000	−	40,000	−
修繕部門費	638,000	435,000	145,000	58,000	−	−
工場事務部門費	320,000	100,000	150,000	40,000	30,000	−
				98,000	70,000	
動力部門費	98,000	58,800	39,200			
修繕部門費	70,000	52,500	17,500			
製造部門費	8,550,000	4,854,300	3,695,700			

第2次配賦では，第1次配賦で補助部門に配賦された補助部門費を直接配賦法により製造部門に配賦します。

- 動力部門費の配賦

　　実際配賦率　98,000円÷（3,000kwh＋2,000kwh）＝＠19.6円

　　加工部門への実際配賦額　＠19.6円×3,000kwh＝58,800円

　　組立部門への実際配賦額　＠19.6円×2,000kwh＝39,200円

- 修繕部門費の配賦

　　実際配賦率　70,000円÷（150時間＋50時間）＝＠350円

　　加工部門への実際配賦額　＠350円×150時間＝52,500円

　　組立部門への実際配賦額　＠350円×50時間＝17,500円

（3）製造部門費の各製品への配賦

ここまでの計算により，製造部門には部門直接費，部門共通費，補助部門費配賦額が集計されます。これを製造部門費といいます。製造部門費は，製造部門ごとにその発生と関連のある配賦基準を用いて製品に配賦されます。たとえば，機械作業が中心の製造部門に集計された製造部門費は，その発生額は機械作業に関連すると想定されるので，機械作業時間を基準に製品に配賦します。したがって，より多くの機械作業を必要とした製品に対して製造部門費がより多く配賦されます。同様に，手作業が中心の製造部門に集計された製造部門費は，直接作業時間を基準にその製造部門費を製品に配賦されます。

> **例題6-4**　製造部門費の各製品への配賦
>
> 例題6-3で集計した製造部門費と，次の【資料】（6月の実績）に基づき，6月の製造部門費の各製品への配賦額を計算しなさい。なお，各製品への製造部門費の配賦基準として加工部門費には機械運転時間を，組立部門費には直接作業時間を採用している。

【資料】

製品	No.601	No.602
加工部門（機械運転時間）	200時間	300時間
組立部門（直接作業時間）	350時間	150時間

解答・解説

- 加工部門費の各製品への配賦

 実際配賦率　4,854,300円÷（200時間＋300時間）＝@9,708.6円

 No.601への実際配賦額　@9,708.6円×200時間＝1,941,720円

 No.602への実際配賦額　@9,708.6円×300時間＝2,912,580円

- 組立部門費の各製品への配賦

 実際配賦率　3,695,700円÷（350時間＋150時間）＝@7,391.4円

 No.601への実際配賦額　@7,391.4円×350時間＝2,586,990円

 No.602への実際配賦額　@7,391.4円×150時間＝1,108,710円

各製品への製造部門費実際配賦額

製品	No.601	No.602	合計
加工部門費の実際配賦額	1,941,720円	2,912,580円	4,854,300円
組立部門費の実際配賦額	2,586,990円	1,108,710円	3,695,700円
合計	4,528,710円	4,021,290円	8,550,000円

4　予定配賦の方法

　前節までは部門費の実際配賦の方法を説明しました。ただし，第5章で説明したように，実際配賦には製品への配賦額の計算が遅くなることと，月により実際配賦率が変動するという欠点があります。そのため，部門費の計算においても予定配賦を用いるほうが望ましいと言えます。

　部門費の予定配賦では，まず，会計年度が始まる前に製造部門費予算額を見積もり，次年度に予想される配賦基準数値の合計で割ることにより，製造部門費予定配賦率を求めます。この製造部門費予定配賦率に各製品の実際配賦基準

数値を乗じることによって，各製品への製造部門費予定配賦額を計算します。そして，月末において製造部門費実際発生額を計算し，製造部門費予定配賦額との差額である製造部門費配賦差異を求め，原価管理に利用します。

なお，製造部門費実際発生額を計算する際に補助部門費を製造部門に配賦しますが，これには2つの方法があります。1つはすでに説明しましたが，補助部門費を製造部門に実際配賦する方法です。ただし，この方法では補助部門での活動能率が製造部門費実際発生額に影響するという問題があります。もう1つは，補助部門費予定配賦率を用いて補助部門費を製造部門に予定配賦する方法です。この方法によれば，補助部門での活動能率を製造部門費実際発生額に影響させることなく，また，各補助部門において補助部門費予定配賦額と補助部門費実際発生額との差額から補助部門費配賦差異を把握できるので，補助部門原価管理に役立ちます。

図表6－4　製造部門費予定配賦の計算

製造部門費予定配賦率＝製造部門費予算額÷予定配賦基準数値合計
製造部門費予定配賦額＝製造部門費予定配賦率×各製品の実際配賦基準数値
製造部門費配賦差異＝製造部門費予定配賦額－製造部門費実際発生額

例題6-5　製造部門費の各製品への予定配賦

例題6－4で集計した製造部門費実際発生額と，次の【資料】（年間予算および6月の実績）にもとづき，①製造部門費予定配賦率，②6月の製造部門費予定配賦額，③6月の製造部門費配賦差異を計算しなさい。なお，各製品への製造部門費の配賦基準として加工部門費には機械運転時間を，組立部門費には直接作業時間を採用している。

第6章 部門費の計算

【資料】

(年間予算)

	製造部門費年間予算額	年間基準操業度 (年間配賦基準数値合計)
加工部門	57,000,000円	6,000時間
組立部門	41,580,000円	5,400時間

(6月の実績)

製品	No.601	No.602
加工部門 (機械運転時間)	200時間	300時間
組立部門 (直接作業時間)	350時間	150時間

解答・解説

① 製造部門費予定配賦率

加工部門：57,000,000円÷6,000時間＝@9,500円

組立部門：41,580,000円÷5,400時間＝@7,700円

② 6月の製造部門費予定配賦額

・加工部門費の各製品への予定配賦

　　No.601への予定配賦額　　@9,500円×200時間＝1,900,000円

　　No.602への予定配賦額　　@9,500円×300時間＝2,850,000円

・組立部門費の各製品への配賦

　　No.601への予定配賦額　　@7,700円×350時間＝2,695,000円

　　No.602への予定配賦額　　@7,700円×150時間＝1,155,000円

各製品への製造部門費予定配賦額

製品	No.601	No.602	合計
加工部門費の予定配賦額	1,900,000円	2,850,000円	4,750,000円
組立部門費の予定配賦額	2,695,000円	1,155,000円	3,850,000円
合計	4,595,000円	4,005,000円	8,600,000円

③ 6月の製造部門費配賦差異

加工部門：4,750,000円－4,854,300円＝－104,300円（不利差異）

組立部門：3,850,000円－3,695,700円＝154,300円（有利差異）

◆練習問題

（➡解答・解説は158ページ）

6-1 次の【資料】に基づき，6月の部門費集計表を作成しなさい。

【資料】

部門個別費と部門共通費

	合計	加工部門	組立部門	動力部門	修繕部門	工場事務部門
部門個別費	6,461,000円	1,950,000円	2,900,000円	850,000円	540,000円	221,000円
部門共通費						
福利厚生費	540,000円					
建物減価償却費	1,220,000円					
部門共通費配賦基準						
従業員数（福利厚生費）	108人	50人	40人	10人	5人	3人
占有床面積（建物減価償却費）	3,050㎡	1,500㎡	1,000㎡	300㎡	200㎡	50㎡

部門費集計表　　　　　　　（単位：円）

	合計	製造部門		補助部門		
		加工部門	組立部門	動力部門	修繕部門	工場事務部門
部門個別費	6,461,000	1,950,000	2,900,000	850,000	540,000	221,000
部門共通費						
福利厚生費	540,000					
建物減価償却費	1,220,000					
部門費合計	8,221,000					

第6章　部門費の計算

6-2 次の【資料】に基づき，相互配賦法（簡便法）により補助部門費配賦表を作成しなさい。

【資料】

補助部門費配賦基準

	加工部門	組立部門	動力部門	修繕部門	工場事務部門
動力部門費（動力消費量）	1,000kwh	1,000kwh	—	400kwh	—
修繕部門費（修繕時間）	250時間	150時間	30時間	—	—
工場事務部門費（従業員数）	10人	15人	4人	3人	2人

補助部門費配賦表　　　　　　（単位：円）

	合計	製造部門		補助部門		
		加工部門	組立部門	動力部門	修繕部門	工場事務部門
部門費	8,221,000	2,800,000	3,500,000	1,020,000	645,000	256,000
動力部門費	1,020,000					
修繕部門費	645,000					
工場事務部門費	256,000					
動力部門費						
修繕部門費						
製造部門費						

6-3 練習問題6-2で集計した製造部門費と，次の【資料】（6月の実績）に基づき，6月の製造部門費の各製品への配賦額を計算しなさい。なお，各製品への製造部門費の配賦基準として加工部門費には機械運転時間を，組立部門費には直接作業時間を採用している。

【資料】

製品	No.601	No.602
加工部門（機械運転時間）	350時間	150時間
組立部門（直接作業時間）	160時間	40時間

6-4 練習問題6-3で集計した製造部門費実際発生額と，次の【資料】（年間予算および6月の実績）にもとづき，①製造部門費予定配賦率，②6月の製造部門費予定配賦額，③6月の製造部門費配賦差異を計算しなさい。なお，各製品への製造部門費の配賦基準として加工部門費には機械運転時間を，組立部門費には直接作業時間を採用している。

【資料】

（年間予算）

	製造部門費年間予算額	年間基準操業度 （年間配賦基準数値合計）
加工部門	48,600,000円	6,000時間
組立部門	52,500,000円	2,500時間

（6月の実績）

製品	No.601	No.602
加工部門（機械運転時間）	350時間	150時間
組立部門（直接作業時間）	160時間	40時間

第 7 章

個別原価計算

💡 **本章のポイント**

　これまでの章では，材料費や労務費，経費といった製造原価を構成する要素の計算方法について学習してきました。

　本章では，それらを前提として，製品1単位当たりの原価の計算方法を学習します。具体的には，製品原価の計算方法の1つである個別原価計算について学びます。個別原価計算は個別受注生産を行っている事業に適した原価計算の手法です。個別原価計算の特徴は製品ごとに材料費・労務費・経費といった製造原価を集計することにあります。

1　個別原価計算とは

（1）　生産形態と製品原価の計算方法

　製品の原価を計算する方法には個別原価計算と総合原価計算があります。どちらの計算方法を適用するかは，製品の生産形態によります。

　個別原価計算では，1つひとつのプロジェクトや製品ごとに製造原価を計算します。とくに，オーダーメイドのような受注生産を行っている場合には個別原価計算が適しています。個別原価計算が採用される業界としては，造船・建設・システム開発・コンサルティングなどが挙げられます。

　個別原価計算では，製品ごとに材料費，労務費，経費を集計して，製品原価

を計算します。それに対して,次章で学習する総合原価計算は,大量見込生産形態をとる企業に適しています。総合原価計算では,製品全体にかかった原価を製造した製品の個数で割ることによって,製品原価を求めます。個別原価計算と総合原価計算では,想定される生産体制が異なるため,製品原価を求めるアプローチも異なります。

(2) 個別受注生産

個別原価計算は顧客から注文を受け,その内容にしたがって製品を製造する受注生産を前提としています。例として,フルオーダーメイドの家具メーカーを考えてみましょう。この会社では受注生産をしており,どの製品も一点物であるとします。

この会社の製品づくりはまず,顧客にどのようなコンセプトやデザインが希望かを尋ねるところから始まります。顧客の要望にもとづいて,材料(たとえば,木材なのか金属なのかなど)や装飾品などが決まるため,製品ごとに材料の種類や加工の難易度などは異なります。それに応じて,各製品にかかる材料費や労務費,経費も全く異なるものとなります。

このように個別原価計算では製品によって発生する材料費や労務費,経費が異なる状況が想定されています。こうした状況においては,製品ごとに製造原価を集計して製品原価を計算することが有効なアプローチとなります。

図表 7 – 1　生産形態と製品原価の計算方法の関係

生産形態	製品原価の計算方法
個別受注生産 →	個別原価計算
大量見込生産 →	総合原価計算

（3） 製造指図書の発行と原価の集計

製造指図書

　個別原価計算では，顧客から製品生産の注文を受けると，その注文内容の詳細をまとめた製造指図書が発行されます。製造指図書には，注文主や納入場所，納期，着手日，完了予定日，製品の種類・規格や数量といったその製品の製造に関連した情報が記載されています。製造指図書は特定の製品ごとに発行され，他の製品と区別するために連続した番号が付けられます。これは特定製造指図書と呼ばれることもあります。個別原価計算では，この指図書番号ごとに，すなわち，注文を受けた製品ごとに原価を集計していくこととなります。

図表7－2　製造指図書の例

指図書番号：No.○○○	
注文主： ＿＿＿＿＿	納入場所： 東大阪市○○○
	納期： 令和　年　月　日
	着手日： 令和　年　月　日
仕様・規格： ＿＿＿＿	完了予定日： 令和　年　月　日
数量： ＿＿＿＿	
備考： ＿＿＿＿＿＿＿＿＿＿＿	

原価計算票

　製造指図書の発行に対応して，原価計算票も作成されます。原価計算票は発行した指図書ごとに用意され，当該指図書番号の製品原価の情報が集計されます。

図表7－3　原価計算票の例

	No.1
直接材料費	
直接労務費	
製造間接費	
合　　計	

原価計算表

　各原価計算票を集約したものが原価計算表です。図表7－4のように，原価計算表には指図書番号ごとに原価が集計されます。

図表7－4　原価計算表の例

	No.1	No.2	合　　計
直接材料費			
直接労務費			
製造間接費			
合　　計			

2　製造直接費と製造間接費

　個別原価計算における原価の集計方法は，**製造直接費**（直接材料費，直接労務費，直接経費）と**製造間接費**（間接材料費，間接労務費，間接経費）で異なります。

　製造直接費は各製品に直接結びつけることができる製造原価です。つまり，製造直接費については特別な計算をする必要がなく，帳票などの情報から，どの製造指図書番号にいくらかかっているのかが明らかです。製造直接費を各製造指図書番号に集計することを**直課**ないし**賦課**といいます。

　一方，製造間接費は各製品との結びつきが不明瞭です。したがって，各製品に製造間接費がいくらかかっているかを即座に識別することはできません。しかし，製品原価を計算するためには，各製品に製造間接費を負担させる必要があります。そこで前章でも説明したように，製造間接費は何らかの基準によって各製品に**配賦**します。

　ここで，フルオーダーメイドの家具メーカーの例を考えてみましょう。たとえば，家具を製造するのに使用される主要な材料となる木材や金属は製造直接費に該当し，各製品で使用される金額は容易に識別できます。

一方，製品を製造するためにはさまざまな製造間接費も発生します。たとえば，材料となる木材を加工するためのノコギリやドライバーなどの工具は消耗工具器具備品費として間接材料費となります。また，製品の製造に直接関わらない間接工や工場の事務員にかかる費用は間接労務費となります。工場の建物や機械などの減価償却費は間接経費となります。これらの費用は製造間接費として集計され，適切な基準によって各製品に配賦されます。たとえば，製造間接費の発生が機械の稼働時間の影響を大きく受けているのであれば機械運転時間が，直接工による作業時間の影響を大きく受けているのであれば直接作業時間などが配賦基準として選択されます。

原価計算においては，製造間接費の配賦は重要なトピックとなります。適切な配賦基準を選択することで，より製造実態を反映した製造原価を計算することができます。逆に，配賦基準が適切でないと，正しく製造原価を計算することはできず，ひいては利益計算を歪めてしまうことになります。製造間接費をより緻密に配賦する方法としては，前章で学習した部門別計算を適用した部門別個別原価計算という手法や第12章で扱う活動基準原価計算があります。

例題7-1

T社では，製品原価の計算にあたって個別原価計算を採用している。現在，T社では2種類の製品（No.1とNo.2）を受注生産している。次の【資料】に基づき原価計算表を完成させなさい。なお製造間接費については加工時間を基準に実際配賦している。

【資料】

当月の直接材料費，直接労務費，製造間接費および加工時間

	直接材料費	直接労務費	加工時間	製造間接費
No.1	3,000円	6,000円	20時間	13,500円
No.2	5,000円	4,500円	25時間	

原価計算表　　　　　　　　　　（単位：円）

費　目	No.1	No.2	合　計
直接材料費			
直接労務費			
製造間接費			
合　　計			

解答・解説

配賦率 = $\dfrac{13,500円}{20時間 + 25時間}$ = @300円

製造間接費配賦額（No.1）= @300円 × 20時間 = 6,000円

製造間接費配賦額（No.2）= @300円 × 25時間 = 7,500円

原価計算表　　　　　　　　　　（単位：円）

費　目	No.1	No.2	合　計
直接材料費	3,000	5,000	8,000
直接労務費	6,000	4,500	10,500
製造間接費	6,000	7,500	13,500
合　　計	15,000	17,000	32,000

3　製造間接費を予定配賦している場合

　前章で説明したように，製造間接費を配賦する際には原則として予定配賦が行われます。前節で学習した製造間接費の配賦は実際配賦と呼ばれるものです。製造間接費を予定配賦する場合には，製造間接費配賦差異を把握する必要があります。

例題7-2

　K社では，製品原価の計算にあたって個別原価計算を採用している。現在，K社では2種類の製品（No.1とNo.2）を受注生産している。次の【資料】に基づき原価計算表を完成させ，製造間接費配賦差異を計算しなさい。

ただし,製造間接費については加工時間を基準に予定配賦している。

【資料】
1.当月の直接材料費,直接労務費,製造間接費および加工時間

	直接材料費	直接労務費	加工時間	製造間接費
No.1	3,000円	6,000円	20時間	13,500円
No.2	5,000円	4,500円	25時間	

2.製造間接費の年間予算額と年間の予定加工時間

年間の製造間接費予算額	年間の予定加工時間
216,600円	570時間

原価計算表　　　　　　　　　　（単位：円）

費　目	No.1	No.2	合　計
直接材料費			
直接労務費			
製造間接費			
合　　計			

解答・解説

予定配賦率 = $\dfrac{216,600円}{570時間}$ = @380円

製造間接費配賦額（No.1）= @380円 × 20時間 = 7,600円

製造間接費配賦額（No.2）= @380円 × 25時間 = 9,500円

原価計算表　　　　　　　　　　（単位：円）

費　目	No.1	No.2	合　計
直接材料費	3,000	5,000	8,000
直接労務費	6,000	4,500	10,500
製造間接費	7,600	9,500	17,100
合　　計	16,600	19,000	35,600

製造間接費配賦差異＝17,100円－13,500円＝3,600円（有利差異）

4　売上原価

　原価計算の目的の1つは，製品原価を計算して，利益計算に役立てることです。この節では，これまで学習した製品原価がどのタイミングで損益計算書上の**売上原価**として計上されるのかについて学びます。

　製品はどのタイミングで売上原価として認識されるのでしょうか。製品は完成しただけでは売上原価としては認識されません。完成した製品が顧客に引き渡されたタイミングでその製品の製造原価が売上原価として認識されます。この売上原価は損益計算書に計上されることとなります。

　一方，完成はしたもののまだ顧客に引き渡されていない製品や，完成していない仕掛品については，売上原価としては認識されません。これらの製品を製造するのに要した製造原価は，顧客に引き渡されるまでは，資産として認識されます。いわゆる在庫をイメージすると理解しやすいと思いますが，製品は完成したからといってすぐに売上原価となるわけではなく，あくまでそれらが販売されてから費用として認識されるのです。

　売上高と製品の製造原価は対応関係が明確であり，上記のような処理を行います。なお，このことを費用収益の個別的対応といいます。一方で，売上高と販売費及び一般管理費などの対応関係が不明確な場合については，その期間に発生した費用と同期間の収益を対応させます。このことを費用収益の期間的対応といいます。

図表7－5　製品と売上原価の関係

例題7-3

A社では個別原価計算を採用している。次の【資料】に基づき，原価計算表を完成させなさい。また，当月の売上原価と当月末の仕掛品原価および製品原価を求めなさい。

【資料】

月初仕掛品原価
No.101　　145,000円
No.102　　 98,000円

当月の直接材料費
No.101　　 39,000円
No.102　　123,000円
No.103　　112,000円

当月の直接労務費
No.101　　 89,000円
No.102　　 33,000円
No.103　　 74,000円

当月の製造間接費
No.101　　 41,000円
No.102　　101,000円
No.103　　 67,000円

なお，当月末においてNo.101は完成し顧客に引渡し済み，No.102は完成したものの顧客には未引渡し，No.103は未完成である。

原価計算表　　　　　　　　　　　（単位：円）

	No.101	No.102	No.103	合　計
月初仕掛品原価				
直 接 材 料 費				
直 接 労 務 費				
製 造 間 接 費				
合　　　　計				
備　　　　考				

解答・解説

原価計算表　　　　　　　　　　（単位：円）

	No.101	No.102	No.103	合　計
月初仕掛品原価	145,000	98,000	—	243,000
直 接 材 料 費	39,000	123,000	112,000	274,000
直 接 労 務 費	89,000	33,000	74,000	196,000
製 造 間 接 費	41,000	101,000	67,000	209,000
合　　　　計	314,000	355,000	253,000	922,000
備　　　　考	完成・引渡し済	完成・未引渡し	仕掛中	

　売上原価：314,000円

　月末仕掛品原価：253,000円

　月末製品原価：355,000円

5　個別原価計算と仕損

　一般的に製品の製造過程はすべてがスムーズに進むとは限りません。どれだけ注意をしていても一定程度の確率で加工ミスなどが生じてしまいます。たとえば，椅子を製造している工場では椅子の脚用の木材をカットする長さを間違えてしまうといったことが起こる可能性があります。こうした不合格品が生まれてしまうことを**仕損**といい，その品のことを仕損品，その費用を仕損費といいます。

　仕損品が工場での火災などの異常な原因において発生した場合には，異常仕

損といい，それは営業外費用や特別損失として処理をします。一方，それが通常生じると予想される程度であれば，正常仕損といい，合格品の原価に組み込むこととなります。なぜなら，合格品を製造するためには，一定程度の正常仕損が発生してしまうことは避けられないことだからです。この節では，正常仕損の処理の仕方について学習します。

なお，仕損の処理についてはいくつかのパターンが存在します。ここでは，仕損品を補修することによって合格品となる場合について扱います。

仕損品を補修して合格品にする場合には，元の製造指図書とは別に**補修指図書**が発行されます。補修指図書には補修に関する指示やその費用が記載されます。補修指図書において，補修にかかった原価を集計し，仕損費を計算することとなります。したがって，仕損品を補修することによって合格品となる場合には，仕損費は補修にかかった原価ということになります。この仕損費については，発生した仕損に直接関係する製造指図書に直接経費として賦課します。

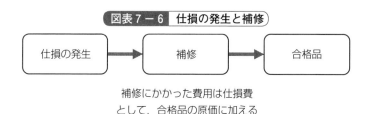

図表7－6　仕損の発生と補修

補修にかかった費用は仕損費として，合格品の原価に加える

例題7-4

M社は造船業を営んでおり，個別原価計算を採用している。指図書No.101について仕損が発生したが，補修により合格品となった。このとき補修指図書No.101-1を発行した。次の【資料】に基づいて，原価計算表を完成させなさい。

【資料】

No.101
直接材料費　168,000円
直接労務費　152,000円
製造間接費　170,000円

No.101-1
直接材料費　36,000円
直接労務費　84,000円
製造間接費　26,000円

原価計算表
(単位：円)

摘　要	No.101	No.101-1
直 接 材 料 費		
直 接 労 務 費		
製 造 間 接 費		
小　　計		
仕 損 費		
合　　計		

解答・解説

原価計算表
(単位：円)

摘　要	No.101	No.101-1
直 接 材 料 費	168,000	36,000
直 接 労 務 費	152,000	84,000
製 造 間 接 費	170,000	26,000
小　　計	490,000	146,000
仕 損 費	146,000	△146,000
合　　計	636,000	0

No.101-1に補修にかかった費用が集計されます。それが仕損費として，合格品となったNo.101に賦課されます。

◆練習問題

(➡解答・解説は161ページ)

7-1 次の【資料】に基づき、原価計算表を作成しなさい。なお、製造間接費は加工時間を基準に実際配賦している。

【資料】

当月の直接材料費、直接労務費、製造間接費および加工時間

指図書	直接材料費	直接労務費	製造間接費	加工時間
No.101	10,500円	18,500円	24,200円	32時間
No.102	9,800円	15,000円		23時間

原価計算表　　　　　　　　(単位:円)

費　目	No.101	No.102	合　計
直接材料費			
直接労務費			
製造間接費			
合　計			

7-2 次の【資料】に基づき、原価計算表を作成しなさい。なお、製造間接費は直接作業時間を基準に実際配賦している。

【資料】

当月の直接材料費、直接労務費、製造間接費および加工時間

指図書	直接材料費	直接労務費	製造間接費	直接作業時間
No.201	28,900円	58,800円		36時間
No.202	23,500円	49,600円	50,600円	34時間
No.203	17,200円	37,200円		22時間

原価計算表　　　　　　　　(単位:円)

費　目	No.201	No.202	No.203	合　計
直接材料費				
直接労務費				
製造間接費				
合　計				

7-3 次の【資料】に基づき，①原価計算表を作成し，②製造間接費配賦差異を計算しなさい。なお，製造間接費は加工時間を基準に予定配賦している。

【資料】
1. 当月の直接材料費，直接労務費，製造間接費および加工時間

指図書	直接材料費	直接労務費	製造間接費	加工時間
No.301	13,900円	21,900円	42,540円	26時間
No.302	11,300円	16,500円		18時間

2. 製造間接費の年間予算額と年間の予定加工時間

年間の製造間接費予算額　　年間の予定加工時間
　　　693,600円　　　　　　　　680時間

原価計算表　　　　　　　（単位：円）

費　目	No.301	No.302	合　計
直接材料費			
直接労務費			
製造間接費			
合　計			

7-4 次の【資料】に基づき，①原価計算表を作成し，②製造間接費配賦差異を計算しなさい。なお，製造間接費は直接作業時間を基準に予定配賦している。

【資料】
1. 当月の直接材料費，直接労務費，製造間接費および直接作業時間

指図書	直接材料費	直接労務費	製造間接費	直接作業時間
No.401	58,230円	94,500円		45時間
No.402	47,010円	86,100円	182,310円	41時間
No.403	42,500円	71,400円		34時間

2. 製造間接費の年間予算額と年間の予定直接作業時間

年間の製造間接費予算額　　年間の予定直接作業時間
　　　2,088,000円　　　　　　　1,440時間

原価計算表　　　　　　　　　　（単位：円）

費　目	No.401	No.402	No.403	合　計
直接材料費				
直接労務費				
製造間接費				
合　計				

7-5 次の【資料】に基づき，原価計算表を作成し，売上原価，月末仕掛品原価，月末製品原価を計算しなさい。なお，製造間接費は加工時間を基準に実際配賦している。

【資料】

指図書	月初仕掛品原価	直接材料費	直接労務費	製造間接費	加工時間
No.501	128,000円	48,300円	95,200円		46時間
No.502	88,300円	73,000円	82,500円	91,800円	32時間
No.503	—	105,200円	55,900円		24時間

※当月末において，N.501は完成したが顧客に未引渡しであり，No.502は完成し顧客に引渡し済み，No.503は未完成である。

原価計算表　　　　　　　　　　（単位：円）

摘　要	No.501	No.502	No.503	合　計
月初仕掛品原価				
直接材料費				
直接労務費				
製造間接費				
合　計				
備　考				

7-6 次の【資料】に基づき，原価計算表を作成しなさい。

【資料】

指図書	直接材料費	直接労務費	製造間接費
No.601	183,900円	205,200円	123,100円
No.601-1	45,100円	52,300円	23,500円

※製品No.601について仕損が発生したが，補修により合格品となった。その際，補修指図書No.601-1を発行している。

原価計算表　　（単位：円）

摘　　要	No.601	No.601-1
直 接 材 料 費		
直 接 労 務 費		
製 造 間 接 費		
小　　　計		
仕 　損　 費		
合　　　計		

第8章

総合原価計算

💡 **本章のポイント**

　本章では製品原価の計算方法の1つである総合原価計算について学びます。総合原価計算は大量見込生産を行っている事業に適した原価計算の手法です。総合原価計算の特徴は原価計算期間にかかったすべての製造原価を当該期間の製品の生産量で割ることによって，製品1単位当たりの製造原価を計算することにあります。

　この章では，単純総合原価計算，等級別総合原価計算，組別総合原価計算，工程別総合原価計算について学習します。

1　総合原価計算とは？

　総合原価計算は，同じ製品を連続して**大量見込生産**を行う場合に適した原価計算の方法です。総合原価計算が適用される典型的な場面は，個別原価計算のように顧客から注文を受けて生産を行うのではなく，ある程度の需要を見込んだ上で，製品の生産を行う場面です。たとえば，GAPやUNIQLOといったアパレルメーカーをイメージすると，サイズや色の違いはありますが，事前に予約注文をしていなくても店舗に行けば同じ製品が大量に陳列されています。総合原価計算では，個別原価計算のときとは異なり，同じ製品が大量に見込生産される状況を想定しています。

　とくに1種類の製品を大量見込生産している場合に適用される総合原価計算

のことを，**単純総合原価計算**と呼びます。本章の前半部分では，単純総合原価計算を説明します。

（1） 総合原価計算の構造

総合原価計算では，原価計算期間に完成品を生産するのにかかった製造原価を，当該期間の**完成品**の生産量で割ることによって，製品1単位当たりの製造原価を計算します。このような計算構造が成り立つ背景には，同種の製品を反復連続的に生産しているという製造活動があります。

個別原価計算では，基本的に製造しているものが異なる状況を想定していたので，それぞれの原価を個別に計算する必要がありました。一方，総合原価計算では，同一の種類の製品を大量に生産しているので，製品の製造原価を個別に集計・計算する必要はありません。

（2） 総合原価計算における原価の認識

総合原価計算では製造原価を直接材料費と**加工費**（直接材料費以外の製造原価）に分類することが一般的です。なぜなら，大量見込生産では，直接材料を製造工程の始点で投入し，それを後の製造工程で加工していく生産形態が多いからです。

図表8－1 原価の分類

		個別原価計算での原価分類	総合原価計算での原価分類
製造原価	材料費	直接材料費	直接材料費
		間接材料費	加工費
	労務費	直接労務費	
		間接労務費	
	経費	直接経費	
		間接経費	

2　総合原価計算の計算方法

以下では、**月初仕掛品**や**月末仕掛品**の有無に応じて、いくつかの場合に分けて、例題を通じて完成品原価の計算方法を学習します。総合原価計算では、月末仕掛品原価を計算することによって、月初仕掛品原価および当月製造費用との差し引きで完成品原価を計算することができます。

（1）　月初にも月末にも仕掛品がない場合

まずは、一番シンプルな状況である月初にも月末にも仕掛品がない場合について考えます。この場合、前月からの作りかけのものや、今月末における作りかけのものは存在せず、当月に作り始めたものがすべて当月に完成したことになります。つまり、当月に投入した製造原価がそのまま完成品原価となります。

例題8-1

次の【資料】に基づき、K製品の完成品単位原価を計算しなさい。
【資料】

当月の生産データ	当月の製造原価データ
当月投入　170個	直接材料費　22,100円
完成品　　170個	加工費　　　14,450円

なお、材料はすべて工程の始点で投入されている。

解答・解説

完成品原価＝22,100円＋14,450円＝36,550円

$$完成品単位原価 = \frac{完成品原価}{完成品数量} = \frac{36,550円}{170個} = @215円$$

上記の例題では、当月に製造を開始したものが、すべて完成する状況を想定しています。しかし、現実には当月に投入したものがすべて完成するとは限ら

ず，中には作りかけのまま翌月を迎えることもあります。

（2） 月初に仕掛品はなく，月末に仕掛品がある場合

つぎに，当月に製造を開始し，月末において，一部完成しているものの，未完成の作りかけの状態もある状況を想定します。さきほどとは異なり，アウトプットが完成品と月末仕掛品の2つに分かれています。

この場合，インプットで生じた当月投入の金額をアウトプットの（完成品換算）数量の比で**按分**計算をし，まずは月末仕掛品原価の金額を求めます。その後，当月投入金額から月末仕掛品原価を差し引くことによって，完成品原価の金額を計算します。このときポイントとなるのは，**加工進捗度**に関連する計算です。

図表8－2　月初仕掛品はなく月末仕掛品がある場合

```
                    ┌──────────┐
                    │  完成品   │
                    │  xxx 円   │
┌──────────┐   ↗   │  xxx 個   │    ┌──────────┐
│ 当月投入 │       └──────────┘    │（完成品換算）│
│  xxx 円  │                        │ 数量の比で   │
│  xxx 個  │   ↘   ┌──────────┐    │ 按分計算     │
└──────────┘       │ 月末仕掛品│    └──────────┘
                    │  xxx 円   │
                    │  xxx 個   │
                    └──────────┘
```

通常，加工費は製造工程の進み具合に応じて徐々に発生します。たとえば，Tシャツを製造している工場を考えると，糸を編み立てて生地をつくり，その生地を染色し，さらに染色した生地を裁断・裁縫するといった工程を経ていきます。これらの工程では，間接材料費や労務費，経費が各製造段階で発生していくこととなります。したがって，加工費は加工の進み具合，つまり，加工進捗度に応じて発生額が異なります。

加工進捗度は，製品の加工がどの程度仕上がっているかを示します。完成品の仕上がりの程度を1や100％として，その仕上がり具合を小数（例：0.3）や分数（例：$\frac{2}{5}$），パーセント（例：85％）で表します。たとえば，完成品を製

造するのにかかる作業時間に対し，仕掛品の作業が何時間分進んでいるかを調べることによって，その仕掛品の加工進捗度を把握することができます。

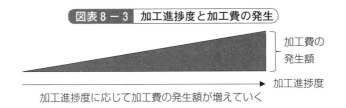

図表8－3　加工進捗度と加工費の発生

加工進捗度に応じて加工費の発生額が増えていく

　月末仕掛品は作りかけの状態なので，完成品と比べて，本来発生する加工費がまだすべて発生していません。したがって，加工費の按分計算の際にはこのことを考慮する必要があります。

　そこで，加工費の計算を行う際には，月末仕掛品の加工進捗度を考慮した上で，完成品にすると何個分に相当するのかを示す**完成品換算量**を計算します。この完成品換算量を利用して，按分計算を行います。具体的には，月末仕掛品の完成品換算量は次のようにして計算されます。

　　　加工費の月末仕掛品の完成品換算量＝月末仕掛品数量×加工進捗度

　なお，月末仕掛品の完成品換算量と完成品の数量から逆算することによって，当月投入量についても，加工進捗度を加味した投入量が計算されます。

　直接材料費については通常，進捗度を考慮する必要はありません。なぜなら，直接材料費は製造のプロセスの進み具合に応じて変わらないからです。先ほど例示したTシャツであれば，主要な材料である糸は製造の開始の段階で投入されることとなります。ただし，これは加工の途中の染色が終わった生地の状態（進捗度35％）であっても，完成したTシャツ（進捗度100％）であっても，投入された糸自体の発生費用が変わるわけではありません。したがって，直接材料費については完成品の数量と月末仕掛品の数量で按分計算をします（本書では扱いませんが，材料を工程の特定点で投入する場合や工程を通じて平均的に

投入する場合には，本書で説明している計算方法をそのまま適用できない場合があります。）。

例題8-2

次の【資料】に基づき，K製品の月末仕掛品原価，完成品原価，完成品単位原価を計算しなさい。

【資料】

当月の生産データ		当月の製造原価データ	
当月投入	260個	直接材料費	44,200円
完成品	180個	加工費	35,200円
月末仕掛品	80個		

なお，材料はすべて工程の始点で投入されている。また，月末仕掛品の加工進捗度は50%である。

解答・解説

直接材料費の計算

$$月末仕掛品原価 = \frac{44,200円}{180個 + 80個} \times 80個 = 13,600円$$

完成品原価 = 44,200円 − 13,600円 = 30,600円

加工費の計算

月末仕掛品の完成品換算数量 = 80個 × 50% = 40個

$$月末仕掛品原価 = \frac{35,200円}{180個 + 40個} \times 40個 = 6,400円$$

完成品原価 = 35,200円 − 6,400円 = 28,800円

K製品

月末仕掛品原価 = 13,600円 + 6,400円 = 20,000円

完成品原価＝30,600円＋28,800円＝59,400円

完成品単位原価＝59,400円÷180個＝@330円

（3） 月初にも月末に仕掛品がある場合

　これまでの状況ではインプット側の要素が当月投入分のみでした。ここからは，前月からの繰越分である月初仕掛品が存在する状況を想定します。

　月初仕掛品が存在する場合には，月初仕掛品と当月投入分の原価の合計を完成品と月末仕掛品に按分することになります。このとき，月初仕掛品と当月投入分の単価が同じであれば問題は生じないですが，月初仕掛品と当月投入分の単価が異なる場合には，単純にそれらを合算することができないので注意が必要です。その場合，**平均法**または**先入先出法**を用いて月末仕掛品原価を評価します。

平均法

　平均法では月初仕掛品と当月投入の製造費用をまとめて取り扱います。つまり，インプット側の総額をアウトプット側の（完成品換算）数量の比で按分計算することによって，月末仕掛品原価や完成品原価を計算することができます。

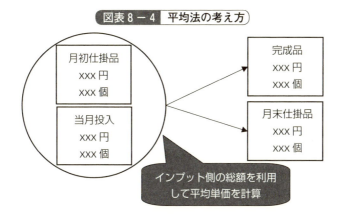

図表8－4　平均法の考え方

例題8-3

次の【資料】に基づき，平均法によって，K製品の月末仕掛品原価，完成品原価，完成品単位原価を計算しなさい。

【資料】

当月の生産データ	月初仕掛品原価		当月製造費用	
月初仕掛品　60個	直接材料費	9,000円	直接材料費	44,200円
当月投入　260個	加工費	2,880円	加工費	35,200円
完成品　　240個				
月末仕掛品　80個				

なお，材料はすべて工程の始点で投入されている。また，月初仕掛品の加工進捗度は60％，月末仕掛品の加工進捗度は50％である。

解答・解説

直接材料費の計算

月末仕掛品原価 = $\dfrac{9{,}000円 + 44{,}200円}{240個 + 80個} \times 80個 = 13{,}300円$

完成品原価 = 9000円 + 44,200円 − 13,300円 = 39,900円

加工費の計算

月末仕掛品の完成品換算数量 = 80個 × 50％ = 40個

月末仕掛品原価 = $\dfrac{2{,}880円 + 35{,}200円}{240個 + 40個} \times 40個 = 5{,}440円$

完成品原価 = 2,880円 + 35,200円 − 5,440円 = 32,640円

K製品

月末仕掛品原価 = 13,300円 + 5,440円 = 18,740円

完成品原価 = 39,900円 + 32,640円 = 72,540円

完成品単位原価 = 72,540円 ÷ 240個 = @302.25円

先入先出法

先入先出法では，先に投入したものが先に完成すると仮定して計算が行われます。したがって，月初仕掛品が当月投入分よりも先に完成品になると考えられます。また，通常，月末仕掛品は当月投入分から生じると考えます。したがって，先入先出法では当月投入に関する金額を用いて，月末仕掛品を評価します。完成品原価は月初仕掛品に由来する分と当月投入に由来する分から構成されます。

図表8－5　先入先出法の考え方

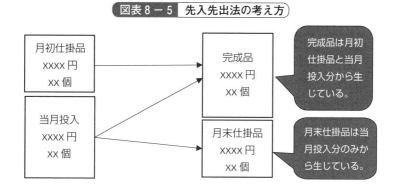

例題8-4

次の【資料】から，先入先出法によって，K製品の月末仕掛品原価，完成品原価，完成品単位原価を計算しなさい。

【資料】

当月の生産データ		月初仕掛品原価		当月製造費用	
月初仕掛品	60個	直接材料費	9,000円	直接材料費	44,200円
当月投入	260個	加工費	2,880円	加工費	32,940円
完成品	240個				
月末仕掛品	80個				

なお，材料はすべて工程の始点で投入されている。また，月初仕掛品の加工進捗度は60％，月末仕掛品の加工進捗度は50％である。

> 解答・解説

直接材料費の計算

月末仕掛品原価 = $\dfrac{44,200円}{260個} \times 80個 = 13,600円$

完成品原価 = 9,000円 + 44,200円 − 13,600円 = 39,600円

加工費の計算

月初仕掛品の完成品換算数量 = 60個 × 60% = 36個
月末仕掛品の完成品換算数量 = 80個 × 50% = 40個
当月投入量 = 240個 + 40個 − 36個 = 244個

月末仕掛品原価 = $\dfrac{32,940円}{244個} \times 40個 = 5,400円$

完成品原価 = 2,880円 + 32,940円 − 5,400円 = 30,420円

K製品

月末仕掛品原価 = 13,600円 + 5,400円 = 19,000円
完成品原価 = 39,600円 + 30,420円 = 70,020円
完成品単位原価 = 70,020円 ÷ 240個 = @291.75円

3　等級別総合原価計算

　総合原価計算は，製品の生産体制に応じていくつかの種類が存在します。これまで扱ってきた単純総合原価計算では，1つの種類の製品を大量見込生産している状況を想定してきました。

　一方で，同種の製品ではあるものの，サイズや大きさ，重量などが異なる場合があります。たとえば，Tシャツでいえば，S，M，Lといったサイズ，ペットボトル飲料でいえば，500ml，1l，2lといった大きさで製品が展開されて

います。このような場合には，**等級別総合原価計算**が適用されます。

等級別総合原価計算の計算手続きでは，まずは通常の単純総合原価計算と同様に計算を行い，製品全体の完成品原価を求めます。その後，製品全体の完成品原価を各等級製品に割り当てます。具体的には，サイズや大きさ，重量にもとづいて原価の負担割合（**等価係数**といいます）を決めて，その負担割合に生産量を乗じた**積数**の比をもって各等級製品に原価を按分します。

図表 8 − 6　等級別総合原価計算の考え方

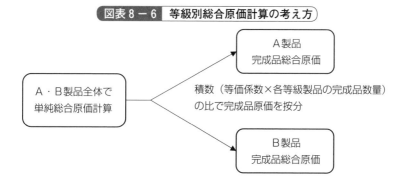

例題8-5

例題 8 - 4 と次の【資料】に基づき，先入先出法によって，各等級製品の完成品原価および完成品単位原価を計算しなさい。

【資料】

完成品240個は，X製品40個，Y製品80個，Z製品120個の等級品に区別される。等価係数は，X製品：Y製品：Z製品 = 1 : 0.25 : 0.5である。

解答・解説

例題 8 - 4 から製品全体の完成品原価は70,020円であった。

積数

X製品：40個× 1 = 40，Y製品：80個×0.25 = 20，Z製品：120個×0.5 = 60

完成品原価

X製品：70,020円 × $\left(\dfrac{40}{40+20+60}\right)$ = 23,340円

Y製品：70,020円 × $\left(\dfrac{20}{40+20+60}\right)$ = 11,670円

Z製品：70,020円 × $\left(\dfrac{60}{40+20+60}\right)$ = 35,010円

完成品単位原価

X製品：@583.5円，Y製品：@145.875円，Z製品：@291.75円

4　組別総合原価計算

　複数の異なる種類の製品（たとえば，Tシャツとズボンなど）を大量見込生産しているような状況では，単純総合原価計算や等級別総合原価計算を適用しても正確に原価を計算することはできません。このような状況では**組別総合原価計算**が適用されます。

　ここで，「**組**」とは異種製品のことを指しています。したがって，組別総合原価計算は異種製品ごとに総合原価計算を適用することとなります。具体的には，組別総合原価計算では製造原価を**組直接費**と**組間接費**に分けます。組直接費は各組製品に個別に発生する原価であり，組間接費は各組製品に共通して発生する原価です。

　組直接費はどの組にいくらかかっているかが明らかですが，組間接費はそうではありません。したがって，組間接費は適切な基準を用いて，各組に配賦されます。その後，各組において単純総合原価計算が行われます。

図表8－7　組別総合原価計算の考え方

```
                    製造原価
                  ／      ＼
            組直接費          組間接費
          直│   ┌─────────┐    │配
          課│ ──→│ A組製品 │←── │賦
            │   ├─────────┤    │
            │ ──→│ B組製品 │←── │
                └─────────┘
            └──単純総合原価計算の適用──┘
```

例題8-6

次の【資料】に基づき，X組製品については平均法によって，Y組製品については先入先出法によって，月末仕掛品原価，完成品原価，完成品単位原価を求めなさい。

【資料】

1．生産データ

	X組製品	Y組製品
月初仕掛品	60個(0.6)	50個(0.5)
当月投入	260個	200個
完成品	240個	150個
月末仕掛品	80個(0.5)	100個(0.4)

なお，材料はすべて工程の始点で投入されている。また，（　）内は加工進捗度を示す。

2．原価データ

	X組製品	Y組製品
月初仕掛品		
直接材料費	4,000円	5,500円

加工費	1,800円	2,000円
当月投入		
直接材料費	10,000円	12,000円
加工費		
組直接費	3,120円	4,350円
組間接費	1,000円	

3．組間接費は，機械運転時間を基準に各組製品に配賦している。当月の機械運転時間は，X組製品が100時間，Y組製品が150時間であった。

解答・解説

組間接費の配賦額

X組製品：$1,000円 \times \left(\dfrac{100時間}{100時間 + 150時間}\right) = 400円$

Y組製品：$1,000円 \times \left(\dfrac{150時間}{100時間 + 150時間}\right) = 600円$

X組製品（平均法）

　直接材料費の計算

月末仕掛品原価 $= \dfrac{4,000円 + 10,000円}{240個 + 80個} \times 80個 = 3,500円$

完成品原価 $= 4,000円 + 10,000円 - 3,500円 = 10,500円$

　加工費の計算

月末仕掛品の完成品換算数量 $= 80個 \times 50\% = 40個$

月末仕掛品原価 $= \dfrac{1,800円 + 3,120円 + 400円}{240個 + 40個} \times 40個 = 760円$

完成品原価 $= 1,800円 + 3,120円 + 400円 - 760円 = 4,560円$

X組製品	直接材料費	加工費	合計
月末仕掛品原価	3,500円	760円	4,260円
完成品原価	10,500円	4,560円	15,060円
完成品単位原価	—	—	@62.75円

Y組製品（先入先出法）

直接材料費の計算

$$月末仕掛品原価 = \frac{12,000円}{200個} \times 100個 = 6,000円$$

完成品原価 = 5,500円 + 12,000円 − 6,000円 = 11,500円

加工費の計算

月初仕掛品の完成品換算数量 = 50個 × 50% = 25個

月末仕掛品の完成品換算数量 = 100個 × 40% = 40個

当月投入量 = 150個 + 40個 − 25個 = 165個

$$月末仕掛品原価 = \frac{4,350円 + 600円}{165個} \times 40個 = 1,200円$$

完成品原価 = 2,000円 + 4,350円 + 600円 − 1,200円 = 5,750円

Y組製品	直接材料費	加工費	合計
月末仕掛品原価	6,000円	1,200円	7,200円
完成品原価	11,500円	5,750円	17,250円
完成品単位原価	—	—	@115円

5　工程別総合原価計算

　工場の規模が大きくなると，工場内でさまざまな部門や工程ができる可能性があります。その場合には**工程別総合原価計算**が適用されます。いま，製造工程が加工工程と組立工程に分けられており，加工工程から組立工程へと製造プロセスが進む場合について考えてみましょう。工程別総合原価計算のポイントは工程ごとに単純総合原価計算を繰り返すということです。したがって，この場合，まずは加工工程において単純総合原価計算を行います。加工工程における完成品総合原価を次工程である組立工程へと引き継ぎます。組立工程では，加工工程から引き継いだ完成品総合原価（これを前工程費といいます）を当月投入の直接材料費として扱い，単純総合原価計算を行います。したがって，組立工程における完成品総合原価が当該製品の完成品総合原価となります。

図表8－8　工程別総合原価計算の考え方

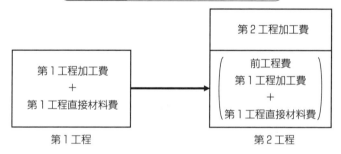

例題8-7

　次の【資料】に基づき，①月末仕掛品原価，②完成品原価，③完成品単位原価を求めなさい。月末仕掛品の評価は，第1工程，第2工程ともに平均法で行う。

第8章　総合原価計算

【資料】
1．生産データ

	第1工程	第2工程
月初仕掛品	60個（0.6）	50個（0.5）
当月投入	260個	240個
完成品	240個	200個
月末仕掛品	80個（0.5）	90個（0.4）

材料は第1工程の始点ですべて投入されており，（　）内は加工進捗度を表す。

2．製造原価データ

第1工程		第2工程	
月初仕掛品		月初仕掛品	
直接材料費	4,000円	前工程費	4,610円
加工費	1,800円	加工費	1,900円
当月投入		当月投入	
直接材料費	10,000円	前工程費	？円
加工費	3,240円	加工費	4,000円

解答・解説

第1工程：	直接材料費	加工費
月末仕掛品原価：	3,500円	720円
完了品原価：	10,500円	4,320円
第2工程：	前工程費	加工費
月末仕掛品原価：	6,030円	900円
完成品原価：	13,400円	5,000円

まとめ

①月末仕掛品原価＝6,030＋900＝6,930円

②完成品原価＝13,400＋5,000＝18,400円

③完成品単位原価＝18,400円÷200個＝@92円

◆練習問題

(➡解答・解説は163ページ)

8-1 次の【資料】に基づき，製品Aの完成品単位原価を計算しなさい。

【資料】

当月の生産データ		当月の製造原価データ	
当月投入	220個	直接材料費	125,000円
完成品	220個	加工費	90,600円

※材料はすべて工程の始点で投入されている。

8-2 次の【資料】に基づき，製品Bの完成品単位原価を計算しなさい。

【資料】

当月の生産データ		当月の製造原価データ	
当月投入	280個	直接材料費	182,000円
完成品	230個	加工費	91,000円
月末仕掛品	50個		

※材料はすべて工程の始点で投入されている。月末仕掛品の加工進捗度は60%である。

8-3 次の【資料】に基づき，製品Cの①月末仕掛品原価と②完成品総合原価原価を平均法により計算しなさい。

【資料】

当月の生産データ		月初仕掛品原価		当月製造費用	
月初仕掛品	50個	直接材料費	37,000円	直接材料費	192,400円
当月投入	320個	加工費	31,600円	加工費	158,000円
完成品	280個				
月末仕掛品	90個				

※材料はすべて工程の始点で投入されている。月初仕掛品の加工進捗度は60%であり，月末仕掛品の加工進捗度は40%である。

8-4 次の【資料】に基づき，製品Dの①月末仕掛品原価と②完成品総合原価原価を先入先出法により計算しなさい。

【資料】

当月の生産データ		月初仕掛品原価		当月製造費用	
月初仕掛品	50個	直接材料費	37,000円	直接材料費	192,000円
当月投入	320個	加工費	31,600円	加工費	157,300円
完成品	280個				
月末仕掛品	90個				

※材料はすべて工程の始点で投入されている。月初仕掛品の加工進捗度は60%であり，月末仕掛品の加工進捗度は40%である。

8-5 次の【資料】に基づき，平均法により各等級製品の完成品総合原価および完成品単位原価をそれぞれ計算しなさい。

【資料】

当月の生産データ		月初仕掛品原価		当月製造費用	
月初仕掛品	110個	直接材料費	59,000円	直接材料費	365,800円
当月投入	480個	加工費	64,630円	加工費	351,250円
完成品	520個				
月末仕掛品	70個				

1．材料はすべて工程の始点で投入されている。月初仕掛品の加工進捗度は50%であり，月末仕掛品の加工進捗度は60%である。

2．完成品520個の内訳は，等級品E120個，等級品F160個，等級品G240個であり，各等級品の等価係数は，等級品E：等級品F：等級品G＝1：0.5：0.25である。

8-6 次の【資料】に基づき，H組製品については先入先出法，I組製品については平均法により，①月末仕掛品原価と②完成品総合原価を求めなさい。

【資料】
1．生産データ

	H組製品	I組製品
月初仕掛品	80個 (0.5)	60個 (0.4)
当月投入	320個	340個
完成品	360個	380個
月末仕掛品	40個 (0.6)	20個 (0.6)

なお，材料はすべて工程の始点で投入されている。また，（　）内は加工進捗度を示す。

2．原価データ

	H組製品	I組製品
月初仕掛品		
直接材料費	12,000円	16,000円
加工費	15,360円	15,680円
当月投入		
直接材料費	112,000円	136,000円
加工費		
組直接費	96,200円	127,780円
組間接費	12,500円	

3．組間接費は，機械運転時間を基準に各組製品に配賦している。当月の機械運転時間は，H組製品が280時間，I組製品が220時間であった。

8-7 次の【資料】に基づき，製品Jの①第1工程の月末仕掛品原価と②第2工程の完成品総合原価を求めなさい。なお，月末仕掛品の評価は，第1工程では平均法，第2工程では先入先出法を用いること。

【資料】

生産データ

	第1工程	第2工程
月初仕掛品	120個（0.4）	160個（0.5）
当月投入	450個	490個
完成品	490個	520個
月末仕掛品	80個（0.6）	130個（0.4）

材料は第1工程の始点ですべて投入されており，（ ）内は加工進捗度を表す。

製造原価データ

	第1工程		第2工程
月初仕掛品		月初仕掛品	
直接材料費	28,500円	前工程費	98,700円
加工費	24,210円	加工費	43,540円
当月投入		当月投入	
直接材料費	250,800円	前工程費	？　円
加工費	234,030円	加工費	359,160円

第9章

標準原価計算

💡 本章のポイント

本章では原価管理のための原価計算の手法である標準原価計算について学習します。まず標準原価計算の仕組みについて理解した上で，原価差異の分析を行います。標準原価計算は個別原価計算にも総合原価計算にも適用できますが，本書では総合原価計算をベースにして学習します。

1　標準原価計算とは？

これまでの章では，製品原価の計算方法について学習してきました。それらの原価計算の方法は，**実際原価計算**と呼ばれる計算の仕組みです。この章では，原価を管理するための原価計算の方法である**標準原価計算**について学習します。

標準原価計算の特徴は，**標準原価**と呼ばれる目標を定め，原価を管理し，原価低減を図ることです。標準原価は単なる理想的な目標ではなく，科学的，統計的な調査に基づいて設定されます。標準原価計算では，標準原価と**実際原価**を比較し，その差異を分析することによって，原価のムダを改善します。

標準原価計算は個別原価計算と総合原価計算と組み合わせることで，標準個別原価計算や標準総合原価計算といった手法が存在します。この章では，標準総合原価計算を前提として，話を展開します。

(1) 原価標準

原価標準とは，製品1個当たりの標準原価のことを指します。とくに，製品1個当たりの原価標準が記載された表のことを標準原価カードといいます。図表9－1のように，標準原価カードには原価要素ごとの標準単価に関する情報と標準消費量に関する情報が記載されています。この原価標準は，単なる予想や見積もり額ではなく，製品1個当たりの原価の目標額としての役割を担います。

なお，標準原価計算では，通常，加工費を直接労務費と製造間接費に分けて捉えます。

図表9－1 標準原価カードの例

	標準単価	×	標準消費量	=	
直接材料費	100円/kg	×	12kg	=	1,200円
直接労務費	標準賃率 350円/時間	×	標準直接作業時間 25時間	=	8,750円
製造間接費	標準配賦率 650円/時間	×	標準直接作業時間 25時間	=	16,250円
製品1個当たりの標準製造原価					26,200円

製品1個当たりの標準直接材料費の計算

製品1個当たりの標準直接材料費は，直接材料の標準単価と製品1個当たりの標準消費量を掛け合わせることによって求めることができます。標準単価は製品1個当たりの目標としての材料消費価格です。標準消費量は目標となる材料消費量であり，材料を無駄なく使用した場合の製品1個当たりの材料消費量を意味します。

製品1個当たりの標準直接材料費＝
　　直接材料の標準単価×製品1個当たりの標準消費量

製品1個当たりの標準直接労務費の計算

製品1個当たりの標準直接労務費は，直接工の標準賃率と製品1個当たりの標準直接作業時間を掛け合わせることによって求めることができます。標準賃率は製品1個当たりの目標としての直接工の消費賃率です。標準直接作業時間は目標となる直接作業時間であり，作業を無駄なく行った場合の製品1個当たりの直接作業時間を意味します。

製品1個当たりの標準直接労務費＝
直接工の標準賃率×製品1個当たりの標準直接作業時間

製品1個当たりの標準製造間接費の計算

製品1個当たりの標準製造間接費は，製造間接費の標準配賦率と製品1個当たりの標準操業度を掛け合わせることによって求めることができます。標準配賦率は配賦基準1単位当たりの製造間接費の配賦額となります。標準操業度は，目標となる配賦基準量となります。たとえば，図表9－1のように，操業度として直接作業時間を利用している場合には，製品1個当たりの標準直接作業時間を用いることとなります。

製品1個当たりの標準直接材料費＝
製造間接費の標準配賦率×製品1個当たりの標準操業度

（2） 原価標準にもとづいた原価の計算

標準原価計算ではあらかじめ設定された原価標準にもとづいて完成品原価や月末仕掛品原価が計算されることとなります。

完成品原価の計算

完成品原価は原価標準（製品1個当たりの標準原価）に完成品数量を掛けることで求められます。

完成品原価＝原価標準×完成品数量

なお，その内訳は以下のとおりです。
直接材料費＝製品1個当たりの標準直接材料費×完成品数量
直接労務費＝製品1個当たりの標準直接労務費×完成品数量
製造間接費＝製品1個当たりの標準製造間接費×完成品数量

月末仕掛品原価の計算

月末仕掛品原価も，原価標準に月末仕掛品数量を掛け合わせることによって計算します。ただし，直接労務費や製造間接費といった加工費の計算には完成品換算数量を用います。

月末仕掛品原価＝原価標準×月末仕掛品数量（または完成品換算数量）

なお，その内訳は以下のとおりです。
直接材料費＝製品1個当たりの標準直接材料費×月末仕掛品数量
直接労務費＝
　　製品1個当たりの標準直接労務費×月末仕掛品の完成品換算数量
製造間接費＝
　　製品1個当たりの標準製造間接費×月末仕掛品の完成品換算数量

例題9-1

A社は標準原価計算を採用している。次の【資料】により，完成品原価および月末仕掛品原価，月初仕掛品原価，当月標準製造費用を計算しなさい。

【資料】

標準原価カード

直接材料費　$\dfrac{標準単価}{@90円} \times \dfrac{標準消費量}{15kg} =$　1,350円

直接労務費　$\dfrac{標準賃率}{@200円} \times \dfrac{標準直接作業時間}{50時間} =$　10,000円

製造間接費　$\dfrac{標準配賦率}{@500円} \times \dfrac{標準直接作業時間}{50時間} =$　25,000円

製品1個当たりの標準製造原価　　　　　36,350円

生産データ

月初仕掛品	60個
当月投入	260個
完成品	240個
月末仕掛品	80個

なお，材料はすべて工程の始点で投入されている。また，月初仕掛品の加工進捗度は60％，月末仕掛品の加工進捗度は50％である。

解答・解説

完成品原価＝＠36,350円×240個＝8,724,000円

要素別の月末仕掛品原価：

　　　　　直接材料費＝＠1,350円×80個＝108,000円

　　　　　直接労務費＝＠10,000円×80個×0.5＝400,000円

　　　　　製造間接費＝＠25,000円×80個×0.5＝1,000,000円

月末仕掛品原価＝108,000円＋400,000円＋1,000,000円＝1,508,000円

要素別の月初仕掛品原価：

　　　　　直接材料費＝＠1,350円×60個＝81,000円

　　　　　直接労務費＝＠10,000円×60個×0.6＝360,000円

製造間接費＝@25,000円×60個×0.6＝900,000円
月初仕掛品原価＝81,000円＋360,000円＋900,000円＝1,341,000円

当月標準製造費用＝8,724,000円＋1,508,000円－1,341,000円＝8,891,000円
内訳：
　　　直接材料費＝324,000円＋108,000円－81,000円＝351,000円
　　　直接労務費＝2,400,000円＋400,000円－360,000円＝2,440,000円
　　　製造間接費＝6,100,000円＋1,000,000円－900,000円＝6,200,000円

2　原価差異の計算

　この節では，**原価差異**の把握方法について学習します。標準原価計算の目的は，標準原価と実際原価のズレである原価差異を把握し，その原因を特定し原価管理に役立てることにあります。
　原価差異は標準原価から実際原価を差し引くことによって求められます。

> **例題9-2**
> （例題9-1）の資料に，次の情報を追加し，標準原価差異を把握しなさい。
> 当月の実際製造原価
> 直接材料費　360,000円
> 直接労務費　2,040,400円
> 製造間接費　6,000,950円

解答・解説

直接材料費の原価差異＝351,000円－360,000円＝－9,000円（不利差異）
直接労務費の原価差異＝2,440,000円－2,040,400円＝＋399,600円（有利差異）
製造間接費の原価差異＝6,200,000円－6,000,950円＝＋199,050円（有利差異）

　ここで，「＋」は有利差異，「－」は不利差異を表します。例題9-2では，

直接材料費について、目標である標準原価より実際原価が上回ってしまう結果となりました。このとき、直接材料費の原価差異の原因には大きく2つの要因が考えられます。それは直接材料費を計算する際の構成要素である単価もしくは消費数量です。次節以降では、これらを分析する方法について学習します。

3　原価差異の分析

前節では標準原価差異の把握方法について学習しました。しかし、差異の金額が判明しただけでは、原価管理には活かすことができません。その原因がわかってこそ、コストダウンに関する施策を実施することができます。

（1）　直接材料費の差異分析

直接材料費の差異は**価格差異**と**数量差異**に分けられ、それぞれ次のように求められます。

$$価格差異 = (標準単価 - 実際単価) \times 実際消費数量$$
$$数量差異 = 標準単価 \times (標準消費数量 - 実際消費数量)$$

一般的に、価格差異よりも数量差異のほうが工場の責任者にとって管理可能な原因で発生します。なぜなら、価格差異は標準単価と実際単価のズレ、すなわち材料の価格の変動などが原因で発生してしまうからです。一方、数量差異は標準消費数量と実際消費数量のズレ、すなわち製造過程における工員の失敗や機械の不具合などによる材料の無駄遣いや、標準よりも材料の使用が少なかったことなどが原因で発生します。

直接材料費差異は、図表9-2のようなボックス図を利用して、あたかも面積のように捉えることもできます。

図表9-2　直接材料費の差異分析

```
実際単価 ┌─────────────────────────┬─────────┐ ← 実際直接材料費
         │        価格差異          │         │
標準単価 ├─────────────────────────┼─────────┤
         │                          │         │
         │      標準直接材料費      │ 数量差異│
         │                          │         │
         └─────────────────────────┴─────────┘
                              標準消費数量  実際消費数量
```

例題9-3

当社は標準原価計算を採用している。以下の【資料】から，直接材料費の差異分析をし，価格差異と数量差異を求めなさい。

【資料】

製品1個当たりの直接材料費

$$\text{直接材料費} \quad \frac{\text{標準単価}}{@90円} \times \frac{\text{標準消費量}}{15\text{kg}} = 1,350円$$

当月の生産データ

月初仕掛品　60個

当月投入　　260個

完成品　　　240個

月末仕掛品　80個

なお，材料はすべて工程の始点で投入されている。また，月初仕掛品の加工進捗度は60％，月末仕掛品の加工進捗度は50％である。

当月の実際発生額

実際直接材料費＝＠105円 × 3,500kg ＝367,500円

解答・解説

当月の直接材料投入量は完成品260個分である。したがって，直接材料の標準

消費数量は，@15kg×260個＝3,900kgとなる。

価格差異　（@90円－105円）×3,500kg＝－52,500円（不利差異）

数量差異　@90円×（3,900kg－3,500kg）＝36,000円（有利差異）

（２）　直接労務費の差異分析

直接労務費の差異は**賃率差異**と**時間差異**に分けられ，それぞれ次のように求められます。

賃率差異＝（標準賃率－実際賃率）×実際直接作業時間

時間差異＝標準賃率×（標準直接作業時間－実際直接作業時間）

直接材料費のときと似たような理由で，賃率差異よりも時間差異のほうが工場の責任者にとって管理可能な原因で発生します。

賃率差異は標準賃率と実際賃率のズレ，すなわち賃率の改定や賃金相場の変動などが原因で発生してしまいます。一方，時間差異は標準直接作業時間と実際直接作業時間のズレ，すなわち製造過程における工員の怠慢などにより標準よりも作業時間が多く（もしくは少なく）かかることが原因で発生します。

直接労務費差異は，図表９－３のようなボックス図を利用して，あたかも面積のように捉えることもできます。

図表９－３　直接労務費の差異分析

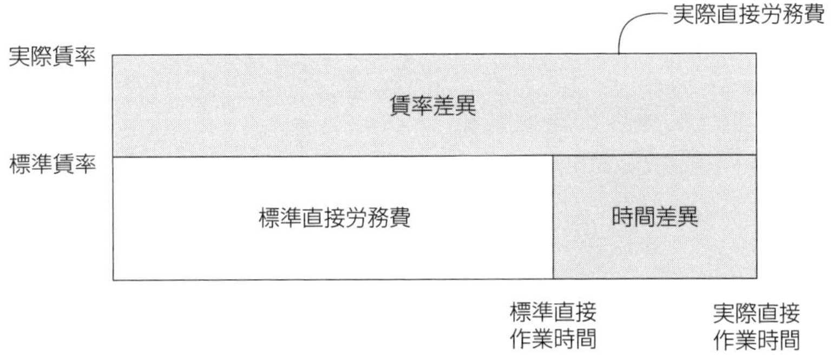

例題9-4

当社は標準原価計算を採用している。以下の【資料】から、直接労務費の差異分析をし、賃率差異と時間差異を求めなさい。

【資料】

製品1個当たりの直接労務費

直接労務費　$\dfrac{標準賃率}{@200円} \times \dfrac{標準直接作業時間}{40時間} = 8{,}000円$

当月の生産データ

月初仕掛品　　60個
当月投入　　260個
完成品　　　240個
月末仕掛品　　80個

なお、材料はすべて工程の始点で投入されている。また、月初仕掛品の加工進捗度は60％、月末仕掛品の加工進捗度は50％である。

当月の実際発生額

実際直接労務費＝@205円 × 9,880時間 ＝2,025,400円

解答・解説

当月直接作業投入量の完成品換算量は（240個＋80個×0.5）－60個×0.6＝244個である。したがって標準直接作業時間は、@40時間×244個＝9,760時間となる。

賃率差異　（@200円－@205円）×9,880時間 ＝ －49,400円（不利差異）
時間差異　@200円×（9,760時間－9,880時間）＝ －24,000円（不利差異）

（3）製造間接費の差異分析

本項では、製造間接費の予算が変動費部分と固定費部分からなる公式法変動予算に基づいて予算設定されている場合における差異分析について説明します。

このとき、製造間接費の差異は、原因ごとに**予算差異**、**操業度差異**、**能率差異**へと分析されます。それらは以下のように計算されます。

予算差異＝予算許容額－製造間接費の実際発生額
操業度差異＝固定費率×（実際操業度－基準操業度）
能率差異＝標準配賦率×（標準操業度－実際操業度）

　予算差異は，予算許容額（実際操業度における製造間接費の予算額）と製造間接費の実際発生額のズレによって発生します。これは各種経費や消耗品などの製造間接費の浪費や節約といった予算管理の出来不出来を表します。

　操業度差異は，実際操業度と基準操業度のズレによって発生します。たとえば，需要の増加にともなう操業度の拡大や生産設備の故障による操業度の減少といった原因によって生じます。

　最後に，能率差異は標準操業度と実際操業度のズレによって発生します。これは，標準として設定した作業時間に対して，実際の作業時間がかかりすぎたり，少なくて済んだといった作業能率の差異を原因として生じます。

図表9－4　製造間接費の差異分析

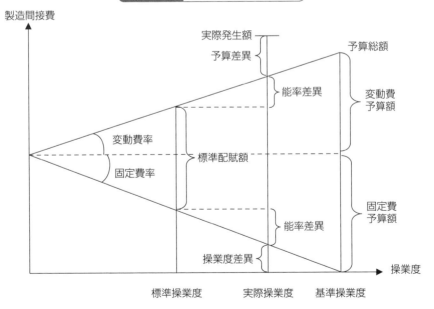

例題9-5

例題9-4と次の【資料】に基づき，製造間接費の差異分析をし，予算差異と操業度差異，能率差異を求めなさい。

【資料】

製品1個当たりの標準製造間接費

$$\frac{標準配賦率}{@450円} \times \frac{標準直接作業時間}{40時間} = 18,000円$$

当月の生産データ

　月初仕掛品　　60個
　当月投入　　260個
　完成品　　　240個
　月末仕掛品　　80個

なお，材料はすべて工程の始点で投入されている。また，月初仕掛品の加工進捗度は60％，月末仕掛品の加工進捗度は50％である。

年間製造間接費予算

　製造間接費予算額54,000,000円（変動費率@200円，固定費予算額30,000,000円）

　年間基準操業度（直接作業時間）　120,000時間

当月の実際発生額

実際製造間接費　4,554,000円

解答・解説

月間基準操業度＝120,000時間÷12ヶ月＝10,000時間

月間固定費予算額＝30,000,000円÷12ヶ月＝2,500,000円

固定費率＝2,500,000円÷10,000時間＝@250円

標準操業度＝@40時間×244個＝9,760時間

製造間接費標準配賦額＝（@200円＋@250円）×9,760時間＝4,392,000円

製造間接費標準配賦差異＝4,392,000円－4,554,000円＝－162,000円（不利差異）

予算許容額＝@200円×9,880時間＋2,500,000円＝4,476,000円

予算差異＝4,476,000円－4,554,000円＝－78,000円（不利差異）

操業度差異＝@250円×（9,880時間－10,000時間）＝－30,000円（不利差異）

能率差異＝（@200円＋@250円）×（9,760時間－9,880時間）＝－54,000円（不利差異）

◆練習問題

（➡解答・解説は167ページ）

9-1 当社は標準原価計算を採用している。次の【資料】に基づき，①完成品原価，②月末仕掛品原価，③月初仕掛品原価，④当月標準製造費用を計算しなさい。

【資料】

1．標準原価カード

	標準単価	×	標準消費量
直接材料費	@70円	×	25kg
直接労務費	標準賃率 @130円	×	標準直接作業時間 35時間
製造間接費	標準配賦率 @450円	×	標準直接作業時間 35時間

2．当月の生産データ

月初仕掛品　　70個
当月投入　　200個
完成品　　　210個
月末仕掛品　　60個

なお，材料はすべて工程の始点で投入されている。また，月初仕掛品の加工進捗度は50％，月末仕掛品の加工進捗度は60％である。

9-2 当社は標準原価計算を採用している。次の【資料】に基づき標準原価差異を計算しなさい。

【資料】
1．標準原価カード

直接材料費　$\dfrac{標準単価}{@120円} \times \dfrac{標準消費量}{30kg}$ ＝　3,600円

直接労務費　$\dfrac{標準賃率}{@350円} \times \dfrac{標準直接作業時間}{60時間}$ ＝　21,000円

製造間接費　$\dfrac{標準配賦率}{@720円} \times \dfrac{標準直接作業時間}{60時間}$ ＝　43,200円

製品1個当たりの標準製造原価　　　　　67,800円

2．当月の生産データ
月初仕掛品　　50個
当月投入　　 310個
完成品　　　 280個
月末仕掛品　　80個

なお，材料はすべて工程の始点で投入されている。また，月初仕掛品の加工進捗度は60％，月末仕掛品の加工進捗度は50％である。

3．当月の実際製造原価
直接材料費　　1,120,000円
直接労務費　　6,100,000円
製造間接費　 12,600,000円

9-3 当社は標準原価計算を採用している。次の【資料】に基づき，直接材料費の差異分析を実施し，①価格差異と②数量差異を求めなさい。

【資料】

1．製品1個当たりの標準直接材料費

直接材料費　$\dfrac{標準単価}{@110円} \times \dfrac{標準消費量}{25kg}$

2．当月の生産データ

月初仕掛品　　60個
当月投入　　 220個
完成品　　　 230個
月末仕掛品　　50個

なお，材料はすべて工程の始点で投入されている。また，月初仕掛品の加工進捗度は40％，月末仕掛品の加工進捗度は20％である。

3．当月の実際直接材料費
実際直接材料費＝@105円×5,900kg＝619,500円

9-4 当社は標準原価計算を採用している。次の【資料】に基づき，直接労務費の差異分析をし，①賃率差異と②時間差異を求めなさい。

【資料】

1．製品1個当たり標準直接労務費

直接労務費　$\dfrac{標準賃率}{@350円} \times \dfrac{標準直接作業時間}{65時間}$

2．当月の生産データ

月初仕掛品　　80個
当月投入　　 160個
完成品　　　 230個
月末仕掛品　　30個

なお，材料はすべて工程の始点で投入されている。また，月初仕掛品の加工進捗度は40％，月末仕掛品の加工進捗度は20％である。

3．当月の実際発生額
実際直接労務費＝＠360円×14,000時間＝5,040,000円

9-5 社は標準原価計算を採用している。以下の【資料】から，製造間接費の差異分析をし，予算差異，操業度差異，能率差異を求めなさい。

【資料】
1．製品1個当たり標準製造間接費

製造間接費　$\dfrac{標準配賦率}{＠600円} \times \dfrac{標準直接作業時間}{55時間}$

2．当月の生産データ
月初仕掛品　　90個
当月投入　　340個
完成品　　　380個
月末仕掛品　　50個
なお，材料はすべて工程の始点で投入されている。また，月初仕掛品の加工進捗度は40％，月末仕掛品の加工進捗度は60％である。

3．年間の製造間接費予算
製造間接費予算額151,200,000円
　　　　　　　　（変動費率＠350円，固定費予算額63,000,000円）
基準操業度（直接作業時間）252,000時間

4．当月の実際発生額
製造間接費＝13,000,000円
実際直接作業時間＝20,880時間

第10章

直接原価計算

💡 本章のポイント

変動費と固定費に基づく直接原価計算を学習します。直接原価計算では，製品原価は操業度の変化に応じて増減する変動製造原価のみから構成され，固定製造原価は期間原価とされます。

1　直接原価計算

　これまで学習してきた原価計算は，製造原価の全額を製品に負担させる**全部原価計算**です。この一方，**直接原価計算**とは，製造原価の一部を製品に負担させる原価計算です。製造原価の全額ではなく，その一部を製品に負担させることから，直接原価計算は全部原価計算に対し「**部分原価計算**」の一形態とされます。

　直接原価計算に関して重要な点を予め2点指摘しておきます。第1に，直接原価計算における重要な原価分類は**変動費**と**固定費**です。第1章でも取り上げたように，変動費と固定費は，操業度に基づく原価分類です。第2に，製造原価の一部を製品に負担させる直接原価計算では，製品原価は操業度の変化に応じて増減する変動製造原価のみから構成され，固定製造原価は**期間原価**とされます。

2　操業度

　第 1 章で触れたように，**操業度（volume）**とは，企業や工場の活動程度を意味します。操業度を具体的に表す指標として，生産量，機械作業時間，直接作業時間などが利用されます。直接原価計算の文脈では，操業度は生産能力が利用される程度をしばしば意味します。このため，たとえば工場の生産設備の最大生産能力が100個／月の場合，ある月の実際の生産数量が75個であれば，当該月の操業度は75％です。なお，操業度は，「**稼働率**」，「操業率」，「キャパシティ利用度」などと呼ばれることもあります。

3　操業度の関数としての変動費と固定費

　第 1 章では，変動費を，操業度の変化に対してその発生額が変化する原価であると説明し，固定費を，操業度の変化に対してその発生額が変わらない原価であると説明しました。つまり，変動費と固定費を操業度に基づく原価分類として説明しました。この第10章では，さらに踏み込んで，操業度に基づく原価分類とは，操業度の関数として原価を捉えた場合の原価分類だと理解します。

　この理解のもとでは，図表10－1 に示されるように，変動費は変動費率を傾きとする操業度の関数として表現され，操業度の変化に対して比例的に変化します。変動費率とは，製品 1 単位当たりの変動費です。たとえば，生産量の増減と連動して材料消費量は増減します。そのため，材料消費量を反映する直接材料費は変動費です。また，この場合の変動費率とは，製品 1 単位当たりの直接材料費です。

　一方，固定費も操業度の関数として表現されますが，操業度の増減に対して変化しません。固定費は，操業度とは関係なく発生する原価として理解されます。たとえば，工場家屋の減価償却費は操業度とは関係なく発生する固定費です。

第10章　直接原価計算

変動費と固定費

- 変動費と固定費は，操業度に基づく原価分類である。
- 変動費は操業度の増減に対して比例的に変化する原価である。
- 固定費は操業度の増減とは無関係に発生する原価であり，操業度が増減しても固定費は増減しない。

　図表10－1は変動費，固定費，総原価の概念図です。総原価（図表10－1右側）と変動費・固定費（図表10－1左側）との関係は，変動費と固定費を足し合わせて総原価となることです。この結果，総原価も操業度の関数として表現されます。

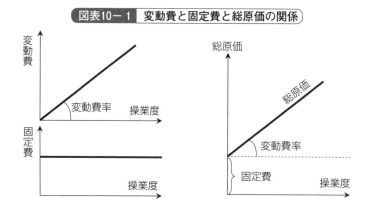

図表10－1　変動費と固定費と総原価の関係

4　「材料費・労務費・経費」と「変動費・固定費」との関係

　直接原価計算を学習するにあたり，これまで学習してきた全部原価計算で用いられる**原価の形態別分類**，すなわち，「材料費・労務費・経費という原価分類」と操業度に基づく「変動費・固定費という原価分類」との関係をまず整理しておきましょう。

　「材料費・労務費・経費という原価分類」と「変動費と固定費という原価分

119

類」とは，理論的には何の関係もありません。しかし，現実の経営実務では，材料費・労務費・経費という形態別分類に基づく原価勘定を用いて原価計算に必要な情報がしばしば収集されます。そのため，「材料費・労務費・経費という原価分類」と「変動費・固定費という原価分類」を関連づけて理解する必要があります。

具体的には，形態別分類に基づく各原価勘定が，変動費としての性格を持つのか，固定費としての性格を持つのかが問題となります。この結果，たとえば，「直接材料費は変動費としての性質を持つ」とか「労務費は固定費としての性質を持つ」とか「製造間接費は固定費としての性質を持つ」のように理解されます。

5　製品原価計算と製造原価の回収

製品原価計算は製造原価を製品に負担させる手続きです。全部原価計算では，製造原価の全額が（複数の製品の）製品原価に割り当てられ，ある製品の製品原価は当該製品の販売を通じて回収されます。したがって，製造された製品がすべて販売されるのであれば，製造原価は製品の販売からその全額が回収されます。一方，部分原価計算である直接原価計算では，製造変動原価のみを製品原価として製品原価計算が行われるため，ある製品の販売から回収される原価は製造変動原価のみであり，それ以外の製造原価は当該製品の販売から回収される必要はないと考えます。

以下では，この点を，例題を通じて確認します。

> **例題10-1**
>
> 　J社は受注生産にて木材加工を行っています。以下の【資料】に基づいて，全部原価計算と直接原価計算により，(1) 各月の月初製品有高と月末製品有高を計算し，(2) 1月，2月，3月それぞれの月の利益を計算しなさい。なお，単純化のため経費は存在しないものとします。また，J社は

複数の製品を同時に製造しないため，製造間接費を考える必要はないものとします。

【資料】

製品A

1月1日製造着手，1月31日完成，2月1日170万円で販売。

製造原価130万円（内訳，材料費100万円，労務費30万円／月）

材料費は変動費であり，労務費は固定費です。材料はすべて工程の始点で投入されます。

製品B

2月1日製造着手，2月28日完成，3月1日100万円で販売。

製造原価70万円（内訳，材料費40万円，労務費30万円／月）

材料費は変動費であり，労務費は固定費です。材料はすべて工程の始点で投入されます。

解答・解説

図表10－2　全部原価計算のもとでのP/LとB/S上の有高

(単位：万円)

	1月	2月	3月	合計
収益	0	170（製品A売上高）	100（製品B売上高）	270
費用	0	130（製品A売上原価）	70（製品B売上原価）	200
利益	0	40	30	70
月初製品有高	0	130（製品A）	70（製品B）	－
月末製品有高	130（製品A）	70（製品B）	0	－

　全部原価計算のもとでは（図表10－2），製品Aの製造原価130万円は2月の製品Aの販売代金170万円から全額回収されます。原価計算から見た利益とは，製品を製造するのに要した原価を，製品の販売代金から回収した後の余剰です。

製品Bについても同様です。

　原価と費用は明確に区別されることに注意が必要です。製品原価計算とは，貸借対照表上の資産項目である仕掛品および製品の簿価を決定する行為です。全部原価計算では，製品Aの製造原価が130万円であることと，1月の費用の発生とは無関係です。つまり，全部原価計算では，製品を生産することは利益の減少を意味しません。

　利益についても確認しておきます。製品という資産が販売により減少する一方，製品の販売から売掛金という資産が生まれます。販売に起因して減少する製品という資産と販売に起因して増加する売掛金という資産の差額が利益です。費用である売上原価とは製品という資産が販売を通じて減少する理由です。一方，収益である売上高とは売掛金という資産が販売を通じて増加する理由です。

図表10－3　直接原価計算の下でのP/LとB/S上の有高

(単位：万円)

	1月	2月	3月	合計
収益	0	170（製品A売上高）	100（製品B売上高）	270
費用	30（製品Aを製造するための1月の労務費）	130（製品A売上原価100＋製品Bを製造するための2月の労務費30）	40（製品B売上原価）	200
利益	－30	40	60	70
月初製品有高	0	100（製品Aの変動材料費）	40（製品Bの変動材料費）	－
月末製品有高	100（製品Aの変動材料費）	40（製品Bの変動材料費）	0	－

　全部原価計算に対し，直接原価計算のもとでは（図表10－3），製品Aの製造原価の一部である変動材料費のみが製品原価に算入され，製品Aの販売を通じて回収されます。固定費である労務費30万円は，厳密には，製品製造との関連では期間原価として，収益との対応という点では期間費用として理解できます。実務においては，これらを厳密に区別する必要はありません。

　2月の製品Aの販売代金170万円から製品Aの変動材料費100万円のみが回収されることに注意してください。固定費である労務費部分30万円は1月の売上

高から回収されます。この例では，1月の売上高は0円なので，1月の利益はマイナス30万円（30万円の損失）です。つまり，労務費30万円は回収されなかったとみなすことができます。

　2月の費用130万円についても目を向けてください。この内訳は，製品Aの売上原価100万円と製品Bを製造するための2月の労務費30万円です。製品Bの製造原価の一部が，製品Aの販売代金から回収されています。

　直接原価計算では，ある製品を製造するのに要した変動製造原価（この例題では材料費）は当該製品の販売代金から回収されると考えるのに対して，固定製造原価（この例題では労務費）は期間原価としてそれが発生した当該期間の収益から回収されると考えます。したがって，全部原価計算とは異なり，製品を生産することは，その生産が行われた期間の利益に影響を与えます。

　このように，固定的に発生する製造原価を製品原価に含めるのか，あるいは製品原価に含めず期間原価として収益から差し引くのかという，2つの対立的な考え方の相違が全部原価計算と直接原価計算の間にみられます。この背後には，原価の回収に関する発想の相違があります。すなわち，直接原価計算では，ある製品Xの販売代金から回収される原価は製品Xの変動製造原価のみであり，固定製造原価は製品Xの販売代金から必ずしも回収される必要はないと考えられています。固定製造原価は生産能力を事前に準備したり維持したりするための**キャパシティ・コスト（capacity cost）** として発生するのであって，製品Xの製造とは無関係に発生すると考えるからです。一方，全部原価計算では，ある製品Xの販売代金から回収される原価は製品Xの製造原価の全額（変動製造原価＋固定製造原価）であるべきだと考えられています。

6 直接原価計算と全部原価計算の それぞれに基づく損益計算書

図表10-4は,直接原価計算と全部原価計算のそれぞれにおいて,総原価がどのように分類されるのかを整理したものです。このような原価の分類の違いは,直接原価計算と全部原価計算それぞれのもとで作成される損益計算書にも反映されます。

図表10-4 直接原価計算と全部原価計算との関係

企業が外部報告に用いる損益計算書は全部原価計算方式で作成されています。直接原価計算方式で作成された損益計算書を企業の外部者が目にすることはほとんどありません。しかし,第11章で取り上げる損益分岐点分析に基づく予算編成に対応して,企業内部の経営管理では直接原価計算方式で作成された損益計算書が利用されることがしばしばあります。

以下では,例題を通じて,直接原価計算と全部原価計算に基づいて作成され

たそれぞれの損益計算書を確認します。

> **例題10-2**
>
> K工業は工作機器を製作する会社です。以下の【資料】に基づき，20XX年1月の損益計算書を作成しなさい。なお，販売量と生産量は等しいと仮定します。
>
> 【資料】
>
> | 操業度 | 製造部門では生産量，販売部門では販売量 |
> |---|---:|
> | 操業度（生産量および販売量） | 250台 |
> | 単位当たりの販売価格 | @25万円 |
> | 変動販売費 | @4万円 |
> | 固定販売費 | 800万円 |
> | 変動直接材料費 | @7万円 |
> | 固定製造原価 | 1,200万円 |

解答・解説

直接原価計算と全部原価計算に基づいて作成された損益計算書を，それぞれ図表10-5と図表10-6に示します。

図表10-5　直接原価計算に基づく損益計算書

20XX年1月1日から20XX年1月31日まで

I	売上高		6,250
II	変動売上原価		1,750
	変動製造マージン*		4,500
III	変動販売費		1,000
	貢献利益		3,500
IV	固定製造原価		
	1　固定製造原価	1,200	
	2　固定販売費及び一般管理費	800	2,000
	営業利益		1,500

＊「変動製造粗利(あらり)」とか「製造限界利益」と呼ばれることもあります。

期首と期末に仕掛品在庫，完成品在庫は存在しないと仮定しています。

図表10－6　全部原価計算に基づく損益計算書

20XX年1月1日から20XX年1月31日まで

Ⅰ	売上高	6,250
Ⅱ	売上原価	2,950
	売上総利益	3,300
Ⅲ	販売費及び一般管理費	1,800
	営業利益	1,500

期首と期末に仕掛品在庫，完成品在庫は存在しないと仮定している。

7　在庫による製造固定費の繰り越し

　原価計算の重要な機能の1つである組織外部に向けた財務報告目的では，直接原価計算ではなく全部原価計算を用いて仕掛品や製品の評価を行うことが定められています（原価計算基準　第二章　三〇）。

　この主な理由は，変動費と固定費への分解（しばしば**固変分解**と呼ばれます。）が恣意的に行われる可能性を排除できないことにあります。概念上，操業度の観点から変動費と固定費を分類できるとしても，現実には，何らかの意図を持って変動費と固定費の分解を行うことが可能です。たとえば，変動費と固定費の割合を意図的に変化させることによって，次期に繰り越される仕掛品や製品の原価を増減させ，今期の利益を操作することが可能です。

　組織外部に向けた財務諸表の作成では，実際原価が用いられることにも十分な注意を向けてください。つまり，集計された実際製造原価は，原価計算期間終了後に変動費と固定費へと事後的に分類されます。この事後的な分類が利益操作の温床となる可能性があります。

　例題10－3を通じて，事後的な固定費と変動費への分解が利益にどのような影響を与えるのかを検討します。また，全部原価計算による原価計算の結果と，直接原価計算による原価計算の結果を比較します。

第10章 直接原価計算

例題10-3

機械部品を製造するR工業の第XX期の売上高は2,400,000円，製造原価は2,000,000円でした。製品の数量に関する情報は右の表に要約されています。なお，単純化のため，R工業は1種類の製品のみを製造していると仮定します。

	第XX期
期首在庫量	0個
当期生産量	1,000個
当期販売量	800個
期末在庫量	200個

(1) 全部原価計算に基づいて第XX期の売上原価と利益を求めなさい。また，第XX期末の製品在庫額金を求めなさい。

(2) 直接原価計算に基づいて第XX期の製造原価2,000,000円を，変動製造原価1,000,000円，固定製造原価1,000,000円へと分解した場合の変動売上原価，変動製造マージン，利益を求めなさい。また，第XX期末の製品在庫金額を求めなさい。

(3) 直接原価計算に基づいて第XX期の製造原価2,000,000円を，変動製造原価1,500,000円，固定製造原価500,000円へと分解した場合の変動売上原価，変動製造マージン，利益を求めなさい。また，第XX期末の製品在庫金額を求めなさい。

解答・解説

(1)

売上原価：$2,000,000円 \times \dfrac{800個}{1,000個} = 1,600,000円$

利益：$2,400,000円 - 1,600,000円 = 800,000円$

期末の製品在庫金額：400,000円

(2) 変動製造原価1,000,000円，固定製造原価1,000,000円

変動売上原価：$1,000,000円 \times \dfrac{800個}{1,000個} = 800,000円$

変動製造マージン：2,400,000円 − 800,000円 = 1,600,000円

利益：変動製造マージン − 固定製造原価

　　　1,600,000円 − 1,000,000円 = 600,000円

期末の製品在庫金額：200,000円

(3) 変動製造原価1,500,000円，固定製造原価500,000円

変動売上原価：$1,500,000円 \times \dfrac{800個}{1,000個} = 1,200,000円$

変動製造マージン：2,400,000円 − 1,200,000円 = 1,200,000円

利益：変動製造マージン − 固定製造原価

　　　1,200,000円 − 500,000円 = 700,000円

期末の製品在庫金額：300,000円

損益計算書　　　　　　　　　　　（単位：円）

	全部原価計算			直接原価計算(1)	直接原価計算(2)
売上高	2,400,000	売上高		2,400,000	2,400,000
売上原価	1,600,000	変動売上原価		800,000	1,200,000
利益	800,000	変動製造マージン		1,600,000	1,200,000
		固定製造原価		1,000,000	500,000
		利益		600,000	700,000
期末製品在庫	400,000			200,000	300,000

◆練習問題

（➡解答・解説は169ページ）

10-1 G工業は受注生産にて金属加工を行っている。以下の【資料】に基づいて，全部原価計算と直接原価計算により(1)各月の月初製品有高と月末製品有高，(2)1月，2月，3月それぞれの利益を計算し，表を完成させなさい。なお，単純化のため経費は存在しないと想定します。また，X社は複数の製品を同時に製造しないため，製造間接費を考える必要はありません。

第10章 直接原価計算

【資料】

製品X

1月1日製造着手，1月31日完成，2月1日200円で販売

製造原価100円（内訳，材料費70円，労務費30円／月）

材料費は変動費であり，労務費は固定費です。材料はすべて工程の始点で投入されます。

製品Y

2月1日製造着手，2月28日完成，3月1日150円で販売

製造原価80円（内訳，材料費50円，労務費30円／月）

材料費は変動費であり，労務費は固定費です。材料はすべて工程の始点で投入されます。

全部原価計算の下でのP/LとB/S上の製品有高				
	1月	2月	3月	合計
収益				
費用				
利益				
月初製品有高				
月末製品有高				

直接原価計算の下でのP/LとB/S上の製品有高				
	1月	2月	3月	合計
収益				
費用				
利益				
月初製品有高				
月末製品有高				

第11章

損益分岐点分析

💡 本章のポイント

短期利益計画や予算編成で必要になる損益分岐点分析（CVP分析，cost-volume-profit analysis）を紹介します。同時に，損益分岐点（break-even point）についても学習します。損益分岐点分析は第10章で学習した変動費と固定費に基づく直接原価計算の応用です。

1 利益計画や予算編成と変動費・固定費との関係

企業経営は成り行きで行われていません。多くの場合，数値目標である予算を事前に立てて，それを実現するよう経営活動計画が策定され，実行に移されます。

今，ある事業年度をt年度とすると，多くの会社で事業年度開始以前（つまり，t年度以前）にt年度予算が立てられ，それを実現するよう経営活動計画が策定されます。t年度中では，経営活動計画が実行に移され，その結果は売上高や原価情報として定期的に報告されます。t年度終了後（つまり，t＋1年度）には，t年度予算の振り返りが行われます。本章で行う**損益分岐点分析**は，t年度の利益計画策定や予算編成より前，つまり，t年度以前に行われる分析です。

利益計画策定や予算編成と，変動費と固定費はどのように関係するのでしょ

うか。第10章では，変動費と固定費を，操業度の関数として原価を捉えた場合の原価分類だと理解しました。変動費と固定費が操業度の関数であることを読者は意識して，次の例題を通じて予算編成を考えてみてください。

例題11-1

K工業は工作機器を製作する会社です。K工業は，2001年第1四半期（2001年1月1日～3月31日）における製品Zの目標販売数量を，2000年11月から12月にかけて【資料】のように設定しました。

【資料】

	1月	2月	3月	第1四半期合計
販売目標数量（個）	230	240	250	720

この目標販売数量に基づいて，K工業は2001年第1四半期の予算を2000年11月から12月にかけて立てます。予算の前提として，製品Zの予定販売価格25千円／台，製品Zの製造に要する変動費率としての予定変動直接材料費を7千円／台としました。また，生産能力を維持することから生じる期間原価として製造固定費を1,200千円／月と計画しました。なお，設定を簡単にするため，販売費はここでは考慮しません。

以上の情報を用いて，1月，2月，3月および第1四半期のそれぞれについて，製品Zに関する売上高予算，変動直接材料費予算，変動製造マージン予算，製造固定費予算，利益予算を作成しなさい。

解答・解説

【解答】

	1月	2月	3月	第1四半期合計
販売目標数量（個）	230	240	250	720
【予算】				
売上高予算（千円）	5,750	6,000	6,250	18,000
変動直接材料費予算（千円）	1,610	1,680	1,750	5,040
変動製造マージン予算（千円）	4,140	4,320	4,500	12,960
製造固定費予算（千円）	1,200	1,200	1,200	3,600
利益予算（千円）	2,940	3,120	3,300	9,360

1月の売上高予算は，販売目標数量の関数として次のように計算されます。

　　予定販売価格@25千円×230台＝5,750千円

同様に，1月の変動直接材料費予算も，販売目標数量の関数として次のように計算されます。

　　予定変動直接材料費@7千円×230台＝1,610千円

1月の変動製造マージン予算は，次のように計算されます。

　　5,750千円－1,610千円＝4,140千円

1月の変動製造マージン予算は，販売目標数量の関数として次のようにも決定可能です。まず，予定販売価格@25千円と予定変動直接材料費@7千円から，予定される製品1台当たりの変動製造マージン@18千円を求めます。変動製造マージン予算はこの@18千円に230台を乗じることでも求まります。

　　（予定販売価格@25千円－予定変動直接材料費@7千円）×230台＝
　　4,140千円

1月の利益予算は，次のように計算されます。

　　変動製造マージン予算4,140千円－製造固定費予算1,200千円＝2,940千円

1月の利益予算は，予定される製品1台当たりの変動製造マージン18千円／台を所与として，販売目標数量の関数として次のようにも決定可能です。

　　（予定販売価格@25千円－予定変動直接材料費@7千円）×230台－製

造固定費予算1,200千円＝2,940千円

この状況では，販売目標数量をX台とすると，利益予算は次のような関数で表現可能です。

利益予算＝（予定販売価格@25千円－予定変動直接材料費@7千円）
×販売目標数量X台－製造固定費予算1,200千円
＝（25－7）X－1,200

このように，製品Zに関連する予算を立てることができます。ここで注意すべきは，毎月の固定費と製品1単位当たりの変動費である変動費率が予定原価（より積極的には標準原価）として，予算編成や利益計画の策定以前に決定されていることです。

図表11－1は，2001年1月の製品Zに関する実績値が2月になってから報告された場合の経営管理のイメージです。当然ながら，実績値は予算と異なります。特に，1月に生じた不利差異を2月以降に取り戻して第1四半期の予算を達成することが，予算を通じた経営管理となります。

このように変動費率と固定費，販売量や生産量などの操業度を月次の目標として事前に決定し予算化することで，1カ月単位で実績値と予算との対比が可能になります。毎月，予算と実績とを対比することで，経営者は予算の達成状況（あるいは進捗状況）を把握できます。さらに，予算と実績との差異が分析（これは，しばしば予実差異分析と呼ばれます。）されれば，経営者は分析結果に基づいて四半期，半期，年度単位の予算の達成に必要な情報を入手できます。こうした一連の予算編成，予算の進捗把握，予算と実績との差異分析，差異の発生原因に関する情報入手が，変動費（あるいは変動費率）と固定費の利用から可能になります。

図表11-1　2001年1月の製品Zに関する予算管理

	1月		原因と対策
販売目標数量（個）	230		販売先の生産遅延。3月に納品見込み。
実際販売量	200	30（不）	
【予算（千円）】	1月		原因と対策
売上高予算	5,750		販売先の生産遅延。3月に差異を取り戻せる見込み。
売上高実績	5,000	750（不）	
変動直接材料費予算	1,610		数量差異と価格差異に分解した分析が必要。
変動直接材料費実績	1,350	260（有）	
変動製造マージン予算	4,140		変動直接材料費の差異に関する分析が必要。
変動製造マージン実績	3,650	540（不）	
製造固定費予算	1,200		省力化に成功した。これを維持し、有利差異を維持する。
製造固定費実績	1,000	200（有）	
利益予算	2,940		売上高と原価の不利差異への対策によって改善する。
利益実績	2,650	290（不）	

（有）と（不）はそれぞれ有利差異と不利差異を指す。

2　損益分岐点分析

損益分岐点分析（CVP分析，cost-volume-profit analysis） とは，売上高とコストが一致する操業度，つまり，利益がゼロの操業度を探る分析です。第10章では操業度変数として生産量，機械作業時間，直接作業時間などを紹介しましたが，この第11章の損益分岐点分析では操業度変数として売上高や販売量が利用されます。コストそのものを説明したり予想したりすることが損益分岐点分析の目的ではなく，利益を予想したり計画したりすることがその目的だからです。

図表11-2に損益分岐点分析のイメージを示します。

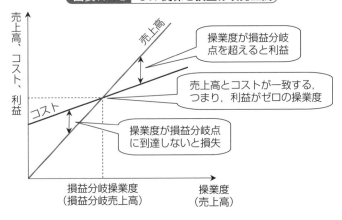

図表11-2　CVP関係と損益分岐売上高

損益分岐操業度とは，利益がゼロとなる操業度をいう。

例題11-2

K工業は工作機器を製作する会社です。製品Zに関連する2001年3月の利益目標を1,500万円と設定しました。以下の【資料】に基づき，(1) 利益目標1,500万円の達成に必要な①工場の操業度，②販売部門の売上高予算，③販売部門の変動販売費予算を求めなさい。(2) 利益目標1,500万円を達成するための製造部門の変動直接材料費予算を求めなさい。(3) 2001年3月の損益分岐点を求めなさい。なお，K工業の生産能力は300台／月です。販売量と生産量は等しいと仮定する。

【資料】

操業度	製造部門では生産量，販売部門では販売量
製品の単位当たり予定販売価格	@25万円
変動販売費	@4万円
固定販売費	800万円
変動直接材料費	@7万円
固定製造原価	1,200万円

解答・解説

【解答】

(単位:万円)

参考資料:各操業度のもとでの予算額					
操業度(生産量および販売量)	100	150	200	250	300
売上高予算(25万円/台)	2,500	3,750	5,000	6,250	7,500
変動販売費予算(4万円/台)	400	600	800	1,000	1,200
固定販売費予算(800万円)	800	800	800	800	800
変動直接材料費予算(7万円/台)	700	1,050	1,400	1,750	2,100
固定製造原価予算(1,200万円)	1,200	1,200	1,200	1,200	1,200
利益	−600	100	800	1,500	2,200

※販売量と生産量は等しいと仮定しています。

(1) 利益目標1,500万円の達成に必要な①工場の操業度は84%、②販売部門の売上高予算は6,250万円、③販売部門の変動販売費予算は1,000万円です。

利益予算=売上高予算−変動販売費予算−固定販売費予算−変動直接材料費予算−固定製造原価予算

利益目標1,500万円を達成するための生産量(販売量と等しいと仮定されている)をXとおいて、次のような方程式を立て、Xを求めます。

$$1,500 = 25 \cdot X - 4 \cdot X - 800 - 7 \cdot X - 1,200$$

$$X = 250$$

K工業の生産能力は300台/月であることから、利益目標1,500万円を達成するための操業度は84%です※。

$$250 \div 300 = 83.333$$

※小数点第1位で四捨五入すると83%となりますが、利益目標達成という観点から84%が適切であると考えられています。事実、83%では利益目標は達成されません。

(2) 利益目標1,500万円を達成するための製造部門の変動直接材料費予算は1,750万円です。

販売量と生産量は等しいとする仮定から

　　　変動直接材料費予算＝＠7万円 × 計画販売量250台 ＝1,750万円

　上の例題のように，予算は操業度の関数として決定することができます。操業度の関数として売上高，変動費，固定費，利益のそれぞれを理解すると，次のように整理できます。

- 売上高予算＝製品の単位当たりの販売価格×販売量
- 変動費予算＝変動直接材料費×生産量＋変動販売費×販売量
- 固定費予算＝固定製造原価予算＋固定販売費予算
- 利益予算＝売上高予算－変動予算費－固定費予算
- 利益予算＝（製品の単位当たりの販売価格×販売量）－（変動直接材料費×生産量＋変動販売費×販売量）－（固定製造原価予算＋固定販売費予算）

例題11－2の【資料】の数字を当てはめれば，利益予算は次のように表現できます。

　　　利益予算＝25×販売量－(7＋4)×生産量－2,000
　　　　　　　＝14×販売量－2,000

(3) 損益分岐点（break-even point: BEP）

　ここで，操業度に関する販売量をX，利益をYとおくと，利益予算は

　　　$Y = 14X - 2{,}000$

と表現できます。これは，原価，操業度，利益の関係を表すCVP関係（cost-volume-profit relationship）と呼ばれます（図表11－3）。CVP関係において特に重要な情報は，**損益分岐点操業度（break-even point: BEP）** です。損益分岐点操業度とは，利益がゼロ（Y＝0）となる販売量です。これを求めるには，

　　　$14X - 2{,}000 = 0$

となるXを求めます。

　　　$X = 142.857\cdots$

損益分岐点操業度は販売量（生産量）に換算して143台です※。このような分析は，損益分岐点分析（break-even point analysis）とかCVP分析（cost-volume-profit analysis）と呼ばれます。

※143台は，X＝142.857…を小数第1位で四捨五入した結果ではありません。利益目標を達成するという観点から，少数部分の切り上げで143台となります。

> 損益分岐点分析とは，利益がゼロとなる操業度や売上高を求める分析である。

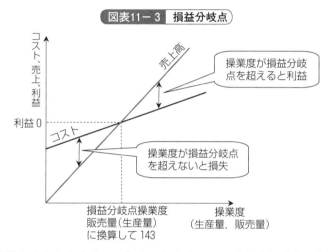

図表11－3　損益分岐点

損益分岐点売上高を求めることもできます。損益分岐点操業度は販売量に換算して143台でしたので，これに製品の単位当たり予定販売価格＠25万円を乗じて，3,575万円と計算できます。

　　　143台×＠25万円＝3,575万円

実際に確かめてみましょう。利益予算は次の関数で与えられました。

　　　利益予算＝25×販売量－（7＋4）×生産量－2,000

　　　　　　　＝14×販売量－2,000

　　　※生産量と販売量は等しいと仮定しています。

損益分岐点販売量143を販売量と生産量に代入します。

$$25 \times 143 - (7+4) \times 143 - 2{,}000 = 2$$

と利益がゼロを少し超える値が出ます。より正確な値142.857を販売量と生産量に代入して，利益がゼロに近づくかどうかを各自で確かめてみてください。

3　営業レバレッジと利益の関係

　営業レバレッジ（operating leverage）とは，損益分岐点における変動費と固定費の比率を指します。営業レバレッジを理解することは，売上高の変化が利益にどのような影響を与えるかを理解する上で重要です。図表11－4は，営業レバレッジが利益に与える影響を表しています。今，図表11－4左の「高い営業レバレッジ」を持つ企業と右の「低い営業レバレッジ」を持つ企業の2つを想定し，それぞれの企業の損益分岐点売上高は等しいと仮定します。しかし，売上高の変化が利益に与える影響は，2つの企業間で大きく異なります。

　高い営業レバレッジ，つまり，損益分岐点売上高における固定費の割合が大きい企業では，損益分岐点売上高を実際の売上高が超える場合，利益は大きく拡大します。一方，低い営業レバレッジ，つまり，損益分岐点売上高における固定費の割合が小さい企業では，損益分岐点売上高を実際の売上高が超える場合，利益は大きく拡大しません。しかし，損益分岐点売上高を実際の売上高が超えない場合はどうでしょうか。高い営業レバレッジを持つ企業では大きな損失を計上する可能性がありますが，低い営業レバレッジを持つ企業で予想される損失は比較的小さいはずです。

　このように，営業レバレッジが利益に与える影響を理解することは，短期的な利益計画を立てる上で重要です。

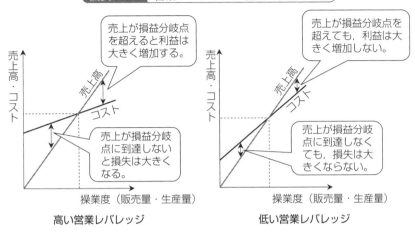

図表11−4 営業レバレッジが利益に与える影響

4 短期的状況において意味を持つ変動費と固定費

「短期的な利益計画を立てる上で」，という条件を付けて，営業レバレッジを理解することが重要です。このように述べるのは，変動費と固定費の区別が，短期的な状況においてのみ可能なためです。ここで言う短期的な状況とは，通常1年以内だと考えられています。換言すれば，1年を超えるような中長期的な意思決定を行う場面では，変動費と固定費の区別は意味をなさないと考えられています。

第10章で説明したように，固定製造原価は生産能力を事前に準備したり維持したりするための**キャパシティ・コスト（capacity cost）**として発生すると考えられています。企業は，事業の拡大や縮小，新製品の導入や既存製品の廃止を通じて，長期的には生産能力を増強したり縮小したりできます。1年以内という短期的状況を想定して変動費と固定費を識別するのは，事業や製品に関連する意思決定は，多くの場合，原価に長期的な影響を与えるからです。

長期変動費（long-term variable cost）

　たとえば，既存製品の生産を中止し，その後継となる新製品の生産を行う状況を考えてみましょう。新製品の生産に伴う新しい設備や生産技術の導入で，新製品の生産では既存製品の生産と比べて材料や労働力の消費量が変化する可能性があります。新製品の開発が終了し生産段階に入っている場合は，操業度の変化で**原価の変動態様（cost behavior）**をある程度予想できますが，新製品の開発のみが決まっていて，その設計図すら描かれていない時点では，操業度の変化で原価の変動態様を予想できません。この時点で原価の変動態様に影響する主な要因は製品設計そのものです。したがって，長期的な原価の変化を変動費と固定費の観点から予想することはできません。このような意味で，長期的にはすべての原価を「**長期変動費（long-term variable cost）**」と捉えることが必要です。原価情報の分析が有用性を持つ状況を知ることにつながるからです。

正常操業圏と固定費

　すでに説明したように，変動費（または変動費率）と固定費の分類を用いた原価予測は，1年以内という短期的状況においてのみ有効であると考えられています。これに加えて，変動費（または変動費率）と固定費の分類は，**正常操業圏（relevant range）**でのみ有効であるとも考えられています。正常操業圏とは，経常的に行われる生産活動において「予想可能」とか「予見可能」な操業度や生産活動量の範囲を指します。

　正常操業圏が問題となるのは，固定費の理解に関連するからです。図表11－5に示すように，①正常操業圏外に存在する操業度ゼロの状態，つまり，生産活動が行われていない状態において発生する原価を固定費と考えるのか，あるいは，②正常操業圏内にある操業度水準において生産開始直前の状態で発生する原価を固定費と考えるのかという問題に我々は直面します。

　ここで，変動費と固定費の分類は，短期的な状況においてのみ有効であることを思い出してください。最も短期的な状況として，日々の操業を想定した場

合，工場が動き出す直前の状態を維持するために発生する原価として固定費は理解されます。このため，固定費は，生産能力や業務処理能力を維持するために発生するキャパシティ・コストとか経営準備原価としての性格を持つといわれます。

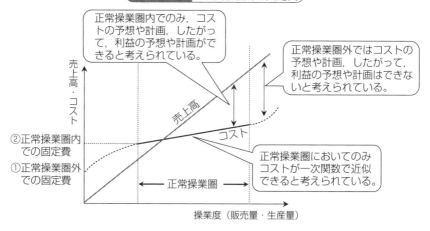

図表11－5　正常操業圏と固定費

◆練習問題

（➡解答・解説は170ページ）

11-1

J工業は工作機器を製作する会社です。製品Aに関連する20XX年4月の利益目標を1,200万円と設定した。以下の【資料】に基づき，販売量と生産量は等しいと仮定して，(1) 利益目標1,200万円の達成に必要な工場の操業度を求めなさい。(2) 損益分岐点販売量を求めなさい。(3) 損益分岐点売上高を求めなさい。なお，J工業の生産能力は300台／月である。

【資料】

操業度	製造部門では生産量，販売部門では販売量
製品の単位当たり予定販売価格	@30万円
変動直接材料費	@8万円
固定製造原価	1,500万円
変動販売費	@7万円
固定販売費	600万円

第12章

活動基準原価計算（Activity-Based Costing :ABC）

💡 **本章のポイント**

　本章では，現代的な市場に直面する製造業において，従来の操業度を基準とした間接費配賦方法から生じる問題を解決する手法である，活動基準原価計算（Activity-Based Costing :ABC）を学びます。ABCは活動を基準に間接費を原価計算対象に配賦する手法です。ABCが提唱された背景や計算プロセスを説明し，ABCの実務への適用可能性について紹介します。

1　従来の製造間接費配賦方法の問題

　現代の私たちの身の回りにはたくさんの種類の商品があふれています。コンビニやドラッグストアには私たちのニーズや嗜好に合わせたさまざまな商品が並んでいます。ネットショッピングで検索すれば，機能やデザインが異なるさまざまな商品から欲しいものを購入することができるでしょう。このことは，企業が顧客のニーズに合わせて，多様な製品を市場に供給していることを意味します。これらの企業では，少数の製品種類を大量に生産する生産方式（少品種大量生産）ではなく，多くの製品種類を少量生産する生産方式（**多品種少量生産**）を採用しており，効率的な多品種少量生産を可能とするために，工場の

自動化（ファクトリー・オートメーション）やコンピュータにより統合された生産システムを利用しています。

　このような生産方式は，製造原価の内訳に大きく影響します。加工作業や組立作業は直接工ではなく機械やロボットが担うので，製造原価に占める直接労務費の割合が小さくなり，機械設備の運用コストを含む製造間接費の割合が大きくなります。また，多品種少量生産は手間暇がかかり，設計活動や材料の受入活動，製造機械の準備，工作機器の入替えといった生産支援活動に関する原価が製造間接費に多く含まれるようになります。

　第5章，第6章では，直接作業時間や機械運転時間など操業度に関連した配賦基準を用いて製造間接費を製品に配賦する方法を学びました。製造間接費には間接材料費や間接労務費，間接経費といったさまざまなタイプの原価が集計されており，必ずしもすべての製造間接費が操業度の増加に対して比例的に発生するわけではありません。しかし，製造原価に占める製造間接費の割合が少ない状況では，操業度関連の基準を用いて製造間接費を製品に配賦しても，計算される製品原価の歪みは大きな問題とはなりませんでした。ただし，製造原価に占める製造間接費の割合が大きくなればこの歪みは大きくなります。また，機械設備の運用コストや生産支援活動の原価には操業度の増加に対して比例的に発生しないものが多く含まれており，これらの原価を操業度関連の基準を用いて製品に配賦すると，計算される製品原価が不正確になります。不正確な製品原価は，経営者や管理者の意思決定（たとえば，製品収益性の判断や製品価格の決定など）を不適切な方向に導くことで，企業の競争力低下の原因となるかもしれません。

　以上のような背景のもと，新しい間接費の配賦方法として，**活動基準原価計算（Activity- Based Costing: ABC）**が提唱されました。ABCでは製造プロセスで実施される**活動**に着目します。まず，活動に必要な経営資源（間接費）が投入され，製品の製造にそれら活動が消費されるという関係を想定します。そして，製品の製造に必要とされる活動の消費量に基づき間接費を製品に配賦します。このような計算手続きによって，従来の操業度基準に基づいた間

接費の配賦よりも正確な製品原価の計算が可能になると考えられます。

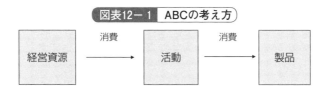

- 活動が経営資源を消費する
- 製品が活動を消費する
- 製品と活動消費量の関係を適切に写像する配賦基準により活動に集計された間接費を製品に配賦する。

2 ABCの計算プロセス

ABCは次のような手順で実施されます。

① 活動を設定する

製造プロセス上に間接費を発生させる業務をまとめた活動（Activity）を設定します。活動には，材料購買活動や段取活動，品質管理活動，注文処理活動などの活動が設定されます。この設定された活動が原価を集計する単位（**コストプール**）となります。

② 活動に経営資源を配賦する。

設定された活動が経営資源（資源コスト）をどれだけ消費しているかを基準として，間接費をコストプールに配賦します。この配賦に用いられる基準を**資源ドライバー**といいます。

③ 活動コストの製品への配賦

各コストプールに集計された原価（活動コスト）を，各製品の活動の消費量に基づき製品に配賦します。この配賦に用いられる配賦基準を**活動ドライバー**

といいます。活動ドライバーには，活動の消費を適切に反映する基準が利用されます。

図表12－2は，ABCの簡単な計算プロセス例を示しています。

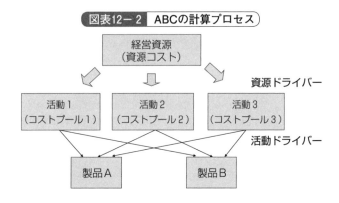

図表12－2　ABCの計算プロセス

3　ABCによる製造間接費の配賦計算例

例題12－1を用いて，ABCによる製造間接費の配賦計算を，操業度に基づく製造間接費の配賦計算と比較します。

> **例題12-1**
>
> 　当社は標準的なシュークリームと高品質の原料を用いて焼き方を工夫した特別なシュークリームを製造販売している。次の製造・販売に関する【資料】に基づき，製造間接費を，直接作業時間を基準に配賦した場合と，ABCにより配賦した場合の製品原価を計算し，それぞれの製品の収益性を検討しなさい。

第12章 活動基準原価計算（Activity-Based Costing :ABC）

【資料】

	標準品	特別品
販売価格	@150円	@200円
製造販売数量	2,000個	500個
直接材料費	@40円×2,000個=80,000円	@60円×500個=30,000円
直接労務費	@15円×2,000個=30,000円	@20円×500個=10,000円
製造間接費	120,000円	
直接作業時間	30時間	10時間

活動コストと活動ドライバー

活動プール	活動コスト	活動ドライバー	標準品	特別品
生産計画活動	30,000円	注文変更回数	6回	9回
購買活動	18,000円	発注回数	15回	30回
機械運転	40,000円	機械運転時間	150時間	50時間
品質管理活動	32,000円	検査回数	5回	15回
合計	120,000円			

解答・解説

直接作業時間を基準に配賦した場合

製造間接費配賦率=120,000円÷（30時間+10時間）=@3,000円

　標準品への配賦額=@3,000円×30時間=90,000円

　特別品への配賦額=@3,000円×10時間=30,000円

それぞれの製品原価と製品単位原価，製品単位当たり利益は次のように計算されます。直接作業時間を配賦基準とする場合，特別品の単位当たり利益が標準品よりも高くなります。

	標準品	特別品
直接材料費	80,000円	30,000円
直接労務費	30,000円	10,000円
製造間接費	90,000円	30,000円
製品原価	200,000円	70,000円
製品単位原価	@100円	@140円
製品単位当たり利益	@50円	@60円

ABCにより配賦した場合

ABCでは，活動プールに配賦された活動コストを，活動ドライバーを基準にして製品に配賦します。

生産計画活動　30,000円÷（6回+9回）=@2,000円

　標準品への配賦額=@2,000円×6回=12,000円

　特別品への配賦額=@2,000円×9回=18,000円

購買活動　　　18,000円÷（15回+30回）=@400円

　標準品への配賦額=@400円×15回=6,000円

　特別品への配賦額=@400円×30回=12,000円

機械運転　　　40,000円÷（150時間+50時間）=@200円

　標準品への配賦額=@200円×150時間=30,000円

　特別品への配賦額=@200円×50時間=10,000円

品質管理活動　32,000円÷（5回+15回）=@1,600円

　標準品への配賦額=@1,600円×5回=8,000円

　特別品への配賦額=@1,600円×15回=24,000円

	標準品	特別品
直接材料費	80,000円	30,000円
直接労務費	30,000円	10,000円
製造間接費		
生産計画活動	12,000円	18,000円
購買活動	6,000円	12,000円
機械運転	30,000円	10,000円
品質管理活動	8,000円	24,000円
製造間接費合計	56,000円	64,000円
製品原価	166,000円	104,000円
製品単位原価	83円	208円
製品単位当たり利益	67円	△8円

収益性の比較

直接作業時間を配賦基準とする場合，製造間接費の配賦額は直接作業時間の多い（操業度が高い）標準品に多く配賦されるので，標準品の収益性は低く計算されます。この計算結果に基づき，経営者や管理者は収益性の低い標準品か

ら収益性の高い特別品の製造販売に経営資源を振り向けることで,より多くの利益を得ようと考えるかもしれません。一方で,ABCによる計算結果は,特別品よりも標準品のほうが単位当たり利益が大きく,しかも特別品は赤字であることを示しています。ABCでは活動消費量の多い製品に製造間接費が多く配賦されます。特別品に使用する高品質原料は保管に気を使うので,生産計画活動や購買活動,品質管理活動に関する活動消費量が多い分,特別品に多くの活動コストが配賦されるからです。逆に,手間がかからず活動消費量の少ない標準品には製造間接費が少なく配賦されています。

このようにABCの計算結果は,従来の操業度基準により間接費を配賦した場合とは異なるメッセージを経営者や管理者に送ります。活動の消費量に注目すれば,必要な活動の少ない標準品の収益性は高くなり,活動を多く消費する特別品の収益性は低くなります。この結果から経営者は標準品の販売に資源を集中することや,特別品の価格を値上げすることなどを検討するでしょう。

4　ABCの適用可能性

　以上のように,ABCは正確な製品原価情報の提供により,製品の価格決定やセールスミックスなどの意思決定に有用な情報を提供します。また,ABCの計算手法は,販売費や一般管理費を生じる活動を対象にすることが可能であり,顧客への価値提供プロセス上に生じる活動を特定し,顧客ごとに消費される活動コストを集計することで,販売費や一般管理費を含めた顧客別収益性を明らかにすることができます。

　さらに,ABCの計算手法は,製造業だけでなくサービス業の原価計算にも適用できます。サービスの提供プロセスは活動のつながりであり,消費される活動コストを算定することで,サービス提供のコストが計算できます。たとえば,輸送業では,顧客に届けるまでに必要な活動を輸送ルートごとに明らかにし,その活動消費量に基づき輸送ルートごとのコストを算定することで,輸送ルートごとの収益性を把握することができます。このような情報は,輸送ルー

トごとの運賃設定などに利用することができるでしょう。

◆練習問題

(➡解答・解説は171ページ)

12-1 次の【資料】に基づき，製造間接費を①機械運転時間を基準に配賦した場合と，②ABCにより配賦した場合の，各製品への製造間接費配賦額を計算しなさい。

【資料】

活動プール	活動コスト	活動ドライバー	製品A	製品B
生産計画活動	24,000円	注文変更回数	3回	5回
購買活動	15,000円	発注回数	3回	12回
機械運転	60,000円	機械運転時間	150時間	50時間
品質管理活動	40,000円	検査回数	2回	8回
製造間接費合計	139,000円			

【練習問題】解答・解説

第1章

●1-1
(1) 原価計算基準　(2) 製造原価　(3) 販売費　(4) 一般管理費
(5) 材料費　(6) 労務費　(7) 経費　(8) 形態別分類
(9) 直接費　(10) 直課（賦課）　(11) 間接費　(12) 配賦

●1-2
②・④

第2章

●2-1
①
材料Aへの内部材料副費配賦額 $= 93,000円 \times \dfrac{120個}{120個 + 30個} = 74,400円$

材料Aの購入原価 $= 816,000円 + 108,000円 + 74,400円 = 998,400円$

材料Aの購入単価 $= 998,400円 \div 120個 = @8,320円$

②
材料副費配賦差異 $= 93,000円 - 92,000円 = 1,000円$（有利差異）

●2-2
① 材料A
内部材料副費 $= 1,116,000円 \times 3\% = 33,480円$
購入原価 $= 1,116,000円 + 85,500円 + 33,480円 = 1,234,980円$
購入単価 $= 1,234,980円 \div 90個 = @13,722円$

② 材料B
内部材料副費 $= 570,000円 \times 3\% = 17,100円$
購入原価 $= 570,000円 + 43,500円 + 17,100円 = 630,600円$
購入単価 $= 630,600円 \div 60個 = @10,510円$

③ 材料副費配賦差異
$(33,480円 + 17,100円) - 55,230円 = -4,650円$（不利差異）

●2-3
① 先入先出法
$(@320円 \times 60個) + (@310円 \times 150個) = 65,700円$

② 総平均法

$$\frac{(@320円 \times 60個) + (@310円 \times 180個)}{60個 + 180個} \times 210個 = 65,625円$$

●2-4

① 先入先出法

12日の材料消費高 = @208円 × 20個 + @215円 × 80個 = 21,360円

26日の材料消費高 = @215円 × 40個 + @205円 × 110個 = 31,150円

8月の材料消費高 = 21,360円 + 31,150円 = 52,510円

材料元帳

Y材料

令和○年	摘要	受入高			払出高			残　高		
		数量	単価	金額	数量	単価	金額	数量	単価	金額
8/1	前月繰越	20	208	4,160				20	208	4,160
8/5	仕　入	120	215	25,800				20	208	4,160
								120	215	25,800
8/12	払　出				20	208	4,160			
					80	215	17,200	40	215	8,600
8/23	仕　入	140	205	28,700				40	215	8,600
								140	205	28,700
8/26	払　出				40	215	8,600			
					110	205	22,550	30	205	6,150
8/30	次月繰越				30	205	6,150			
		280		58,660	280		58,660			

② 移動平均法

5日時点の平均購入単価 = $\dfrac{@208円 \times 20個 + @215円 \times 120個}{20個 + 120個}$ = @214円

12日の材料消費高 = @214円 × 100個 = 21,400円

23日時点の平均購入単価 = $\dfrac{@214円 \times 40個 + @205円 \times 140個}{40個 + 140個}$ = @207円

26日の材料消費高 = @207円 × 150個 = 31,050円

8月の材料消費高 = 21,400円 + 31,050円 = 52,450円

材料元帳
Y材料

令和〇年	摘要	受入高			払出高			残高		
		数量	単価	金額	数量	単価	金額	数量	単価	金額
8/1	前月繰越	20	208	4,160				20	208	4,160
8/5	仕入	120	215	25,800				140	214	29,960
8/12	払出				100	214	21,400	40	214	8,560
8/23	仕入	140	205	28,700				180	207	37,260
8/26	払出				150	207	31,050	30	207	6,210
8/30	次月繰越				30	207	6,210			
		280		58,660	260		58,660			

③ 総平均法

$$8月の平均購入単価 = \frac{@208円 \times 20個 + @215円 \times 120個 + @205円 \times 140個}{20個 + 120個 + 140個}$$

$$= @209.5円$$

8月の材料消費高 = @209.5円 ×（100個 + 150個）= 52,375円

材料元帳
Y材料

令和〇年	摘要	受入高			払出高			残高		
		数量	単価	金額	数量	単価	金額	数量	単価	金額
8/1	前月繰越	20	208	4,160				20	208	4,160
8/5	仕入	120	215	25,800				140		
8/12	払出				100	209.5	20,950	40		
8/23	仕入	140	205	28,700				180		
8/26	払出				150	209.5	31,425	30	209.5	6,285
8/30	次月繰越				30	209.5	6,285			
		280		58,660	280		58,660			

●2-5

① 直接材料費 = @400円 × 120個 = 48,000円
② 間接材料費 = @400円 × 50個 = 20,000円
③ 材料消費価格差異 =（48,000円 + 20,000円）−（@390円 × 120個 + @390円 × 50個）
　　　　　　　　　 = 1,700円（有利差異）

●2-6
　月末における材料Yの帳簿棚卸数量＝70kg＋380kg－330kg＝120kg
　当月の購入価格＝58,900円÷380kg＝@155円
　当月の棚卸減耗費＝@155円×(120kg－112kg)＝1,240円
　先入先出法より，月末有高の購入単価は当月購入分と同じである。

●2-7
　平均購入原価＝$\dfrac{@170円×40kg＋79,200円}{40kg＋460kg}$＝@172円
　月末における材料Yの帳簿棚卸数量＝40kg＋460kg－430kg＝70kg
　当月の棚卸減耗費＝@172円×(70kg－65kg)＝860円
　総平均法により材料の払出単価を計算しているので，月末有高の購入単価は172円である。

第3章

●3-1
　実際総平均賃率＝840,000円÷(340時間＋80時間)＝@2,000円
　直接労務費＝@2,000円×340時間＝680,000円
　間接労務費＝@2,000円×80時間＝160,000円

●3-2
① 職種別平均賃率
　職種Aの平均賃率＝602,000円÷280時間＝@2,150円
　職種Bの平均賃率＝478,000円÷200時間＝@2,390円
② 総平均賃率
　総平均賃率＝$\dfrac{602,000円＋478,000円}{280時間＋200時間}$＝@2,250円

●3-3
　総平均賃率＝$\dfrac{513,000円＋369,000円}{140時間＋100時間＋90時間＋30時間}$＝@2,450円
① 直接労務費＝@2,450円×(140時間＋90時間)＝563,500円
② 間接労務費＝@2,450円×(100時間＋30時間)＝318,500円

●3-4
　当月の間接工消費賃金＝2,400,000円－430,000円＋380,000円
　　　　　　　　　　　＝2,350,000円

第4章

●4-1
外注加工賃（支払経費）＝15,000円－3,800円＋2,500円＝13,700円
旅費交通費（支払経費）＝28,000円＋1,200円－1,700円＝27,500円
ガス代（測定経費）＝＠15円×470㎥＝7,050円
減価償却費（月割経費）＝456,000円÷12ヵ月＝38,000円
棚卸減耗費（発生経費）＝52,300円－48,900円＝3,400円

第5章

●5-1
製造間接費実際配賦率＝$\dfrac{153,000円}{160時間+180時間}$＝＠450円

製造間接費実際配賦額
　製品A＝＠450円×160時間＝72,000円
　製品B＝＠450円×180時間＝81,000円

●5-2
製造間接費実際配賦率＝$\dfrac{417,600円}{340時間+210時間+170時間}$＝＠580円

製造間接費実際配賦額
　製品C＝＠580円×340時間＝197,200円
　製品D＝＠580円×210時間＝121,800円
　製品E＝＠580円×170時間＝98,600円

●5-3
①
製造間接費予定配賦率＝3,432,000円÷7,150時間＝＠480円
製造間接費予定配賦額
　製品F＝＠480円×320時間＝153,600円
　製品G＝＠480円×230時間＝110,400円

②
製造間接費予定配賦額の合計＝153,600円＋110,400円＝264,000円
製造間接費配賦差異＝264,000円－279,000円＝△15,000円（不利差異）

●5-4
①
製造間接費予定配賦率＝5,166,000円÷12,300時間＝＠420円

製造間接費予定配賦額

　製品H＝@420円×580時間＝243,600円

　製品I＝@420円×340時間＝142,800円

　製品J＝@420円×220時間＝92,400円

②

製造間接費予定配賦額の合計＝243,600円＋142,800円＋92,400円＝478,800円

製造間接費配賦差異＝478,800円－492,500円＝－13,700円（不利差異）

第6章

●6-1

部門共通費である福利厚生費は従業員数，建物減価償却費は占有床面積を基準に各部門に配賦します。

部門費集計表　　　　　　　　（単位：円）

	合計	製造部門		補助部門		
		加工部門	組立部門	動力部門	修繕部門	工場事務部門
部門個別費	6,461,000	1,950,000	2,900,000	850,000	540,000	221,000
部門共通費						
福利厚生費	540,000	250,000	200,000	50,000	25,000	15,000
建物減価償却費	1,220,000	600,000	400,000	120,000	80,000	20,000
部門費合計	8,221,000	2,800,000	3,500,000	1,020,000	645,000	256,000

●6-2

（第1次配賦）

補助部門費配賦表　　　　　　　（単位：円）

	合計	製造部門		補助部門		
		加工部門	組立部門	動力部門	修繕部門	工場事務部門
部門費	8,221,000	2,800,000	3,500,000	1,020,000	645,000	256,000
動力部門費	1,020,000	425,000	425,000	－	170,000	－
修繕部門費	645,000	375,000	225,000	45,000	－	－
工場事務部門費	256,000	80,000	120,000	32,000	24,000	－
				77,000	194,000	－
動力部門費						
修繕部門費						
製造部門費						

【練習問題】解答・解説

相互配賦法（簡便法）では，まず第1次配賦として補助部門間の用役の授受に沿って補助部門費を他部門に配賦します。

動力部門費の配賦
実際配賦率　1,020,000円÷(1,000kwh＋1,000kwh＋400kwh)＝@425円
　加工部門への実際配賦額　@425円×1,000kwh＝425,000円
　組立部門への実際配賦額　@425円×1,000kwh＝425,000円
　修繕部門への実際配賦額　@425円×　400kwh＝170,000円

修繕部門費の配賦
実際配賦率　645,000円÷(250時間＋150時間＋30時間)＝@1,500円
　加工部門への実際配賦額　@1,500円×250時間＝375,000円
　組立部門への実際配賦額　@1,500円×150時間＝225,000円
　動力部門への実際配賦額　@1,500円× 30時間＝ 45,000円

工場事務部門費の配賦
実際配賦率　256,000円÷(10人＋15人＋4人＋3人)＝@8,000円
　加工部門への実際配賦額　@8,000円×10人＝ 80,000円
　組立部門への実際配賦額　@8,000円×15人＝120,000円
　動力部門への実際配賦額　@8,000円× 4人＝ 32,000円
　修繕部門への実際配賦額　@8,000円× 3人＝ 24,000円

（第2次配賦）

補助部門費配賦表　　　　（単位：円）

	合計	製造部門		補助部門		
		加工部門	組立部門	動力部門	修繕部門	工場事務部門
部門費	8,221,000	2,800,000	3,500,000	1,020,000	645,000	256,000
動力部門費	1,020,000	425,000	425,000	－	170,000	－
修繕部門費	645,000	375,000	225,000	45,000	－	－
工場事務部門費	256,000	80,000	120,000	32,000	24,000	－
				77,000	194,000	－
動力部門費	77,000	38,500	38,500			
修繕部門費	194,000	121,250	72,750			
製造部門費	8,221,000	3,839,750	4,381,250			

第2次配賦では，第1次配賦で補助部門に配賦された補助部門費を直接配賦法により製造部門に配賦します。

動力部門費の配賦
実際配賦率　77,000円÷(1,000kwh＋1,000kwh)＝@38.5円

加工部門への実際配賦額　　@38.5円×1,000kwh＝38,500円
　　組立部門への実際配賦額　　@38.5円×1,000kwh＝38,500円
　修繕部門費の配賦
　　実際配賦率　194,000円÷（250時間＋150時間）＝@485円
　　加工部門への実際配賦額　　@485円×250時間＝121,250円
　　組立部門への実際配賦額　　@485円×150時間＝72,750円

●6-3
加工部門費の各製品への配賦
　実際配賦率　3,839,750円÷（350時間＋150時間）＝@7,679.5円
　No.601への実際配賦額　　@7,679.5円×350時間＝2,687,825円
　No.602への実際配賦額　　@7,679.5円×150時間＝1,151,925円
組立部門費の各製品への配賦
　実際配賦率　4,381,250円÷（160時間＋40時間）＝@21,906.25円
　No.601への実際配賦額　　@21,906.25円×160時間＝3,505,000円
　No.602への実際配賦額　　@21,906.25円×40時間＝876,250円
各製品への製造部門費実際配賦額

製　　品	No.601	No.602	合　計
加工部門費の実際配賦額	2,687,825円	1,151,925円	3,839,750円
組立部門費の実際配賦額	3,505,000円	876,250円	4,381,250円
合　　計	6,192,825円	2,028,175円	8,221,000円

●6-4
①　製造部門費予定配賦率
加工部門：48,600,000円÷6,000時間＝@8,100円
組立部門：52,500,000円÷2,500時間＝@21,000円
②　6月の製造部門費予定配賦額
加工部門費の各製品への予定配賦
　No.601への予定配賦額　　@8,100円×350時間＝2,835,000円
　No.602への予定配賦額　　@8,100円×150時間＝1,215,000円
組立部門費の各製品への配賦
　No.601への予定配賦額　　@21,000円×160時間＝3,360,000円
　No.602への予定配賦額　　@21,000円×40時間＝840,000円

各製品への製造部門費予定配賦額

製　品	No.601	No.602	合計
加工部門費の予定配賦額	2,835,000円	1,215,000円	4,050,000円
組立部門費の予定配賦額	3,360,000円	840,000円	4,200,000円
合　計	6,195,000円	2,055,000円	8,250,000円

③　6月の製造部門費配賦差異

加工部門：4,050,000円 − 3,839,750円 = 210,250円（有利差異）

組立部門：4,200,000円 − 4,381,250円 = −181,250円（不利差異）

第7章

●7-1

原価計算表　　　（単位：円）

費　目	No.101	No.102	合　計
直接材料費	10,500	9,800	20,300
直接労務費	18,500	15,000	33,500
製造間接費	14,080	10,120	24,200
合　計	43,080	34,920	78,000

製造間接費の配賦

$$製造間接費実際配賦率 = \frac{24,200円}{32時間 + 23時間} = @440円$$

No.101の製造間接費 = @440円 × 32時間 = 14,080円

No.102の製造間接費 = @440円 × 23時間 = 10,120円

●7-2

原価計算表　　　（単位：円）

費　目	No.201	No.202	No.203	合　計
直接材料費	28,900	23,500	17,200	69,600
直接労務費	58,800	49,600	37,200	145,600
製造間接費	19,800	18,700	12,100	50,600
合　計	107,500	91,800	66,500	265,800

製造間接費の配賦

$$製造間接費実際配賦率 = \frac{50,600円}{36時間 + 34時間 + 22時間} = @550円$$

No.201の製造間接費 = @550円 × 36時間 = 19,800円

No.202の製造間接費＝＠550円×34時間＝18,700円

No.203の製造間接費＝＠550円×22時間＝12,100円

● 7-3

①

原価計算表　　　　　（単位：円）

費　目	No.301	No.302	合　計
直接材料費	13,900	11,300	25,200
直接労務費	21,900	16,500	38,400
製造間接費	26,520	18,360	44,880
合　計	62,320	46,160	108,480

製造間接費の配賦

製造間接費予定配賦率 ＝ $\dfrac{693,600円}{680時間}$ ＝ ＠1,020円

No.301の製造間接費＝＠1,020円×26時間＝26,520円

No.302の製造間接費＝＠1,020円×18時間＝18,360円

②

製造間接費配賦差異＝44,880円－42,540円＝2,340円（有利差異）

● 7-4

原価計算表　　　　　（単位：円）

費　目	No.401	No.402	No.403	合　計
直接材料費	58,230	47,010	42,500	147,740
直接労務費	94,500	86,100	71,400	252,000
製造間接費	65,250	59,450	49,300	174,000
合　計	217,980	192,560	163,200	573,740

①

製造間接費の配賦

製造間接費予定配賦率 ＝ $\dfrac{2,088,000円}{1,440時間}$ ＝ ＠1,450円

No.401の製造間接費＝＠1,450円×45時間＝65,250円

No.402の製造間接費＝＠1,450円×41時間＝59,450円

No.403の製造間接費＝＠1,450円×34時間＝49,300円

②

製造間接費配賦差異＝174,000円－182,310円＝－8,310円（不利差異）

● 7-5

原価計算表　　　　　　　（単位：円）

摘　要	No.501	No.502	No.503	合　計
月初仕掛品原価	128,000	88,300	—	216,300
直 接 材 料 費	48,300	73,000	105,200	226,500
直 接 労 務 費	95,200	82,500	55,900	233,600
製 造 間 接 費	41,400	28,800	21,600	91,800
合　　　計	312,900	272,600	182,700	768,200
備　考	完成・未引渡し	完成・引渡し済	仕掛中	

売上原価　　　　　272,600円（No.502）
月末仕掛品原価　　182,700円（No.503）
月末製品原価　　　312,900円（No.501）
製造間接費の配賦

$$製造間接費実際配賦率 = \frac{91,800円}{46時間 + 32時間 + 24時間} = @900円$$

No.201の製造間接費 ＝ @900円 × 46時間 ＝ 41,400円
No.202の製造間接費 ＝ @900円 × 32時間 ＝ 28,800円
No.203の製造間接費 ＝ @900円 × 24時間 ＝ 21,600円

● 7-6

原価計算表　　　　（単位：円）

摘　要	No. 601	No. 601-1
直 接 材 料 費	183,900	45,100
直 接 労 務 費	205,200	52,300
製 造 間 接 費	123,100	23,500
小　　計	512,200	120,900
仕　損　費	120,900	△120,900
合　　計	633,100	0

第8章

● 8-1

製品Aの完成品原価 ＝ 125,000円 + 90,600円 ＝ 215,600円
製品Aの完成品単位原価 ＝ 215,600円 ÷ 220個 ＝ @980円

●8-2
- 材料費

  $$月末仕掛品 = \frac{182,000円}{230個 + 50個} \times 50個 = 32,500円$$

  完成品 = 182,000円 − 32,500円 = 149,500円

- 加工費

  月末仕掛品の完成品換算数量 = 50個 × 60% = 30個

  $$月末仕掛品 = \frac{91,000円}{230個 + 30個} \times 30個 = 10,500円$$

  完成品の材料費 = 91,000円 − 10,500円 = 80,500円
  製品Bの完成品原価 = 149,500円 + 80,500円 = 230,000円
  製品Bの完成品単位原価 = 230,000円 ÷ 230個 = @1,000円

●8-3
- 直接材料費

  $$月末仕掛品 = \frac{37,000円 + 192,400円}{280個 + 90個} \times 90個 = 55,800円$$

  完成品 = 37,000円 + 192,400円 − 55,800円 = 173,600円

- 加工費

  月末仕掛品の完成品換算数量 = 90個 × 40% = 36個

  $$月末仕掛品 = \frac{31,600円 + 158,000円}{280個 + 36個} \times 36個 = 21,600円$$

  完成品 = 31,600円 + 158,000円 − 21,600円 = 168,000円
  製品Cの月末仕掛品原価 = 55,800円 + 21,600円 = 77,400円
  製品Cの完成品総合原価 = 173,600円 + 168,000円 = 341,600円

●8-4
- 直接材料費

  $$月末仕掛品 = \frac{192,000円}{320個} \times 90個 = 54,000円$$

  完成品 = 37,000円 + 192,000円 − 54,000円 = 175,000円

- 加工費

  月初仕掛品の完成品換算数量 = 50個 × 60% = 30個
  月末仕掛品の完成品換算数量 = 90個 × 40% = 36個

  $$月末仕掛品 = \frac{157,300円}{280個 + 36個 − 30個} \times 36個 = 19,800円$$

  完成品 = 31,600円 + 157,300円 − 19,800円 = 169,100円
  製品Dの月末仕掛品原価 = 54,000円 + 19,800円 = 73,800円

製品Dの完成品総合原価 = 175,000円 + 169,100円 = 344,100円

● 8-5
- 直接材料費

  等級品全体の月末仕掛品 = $\dfrac{59,000円 + 365,800円}{520個 + 70個} \times 70個 = 50,400円$

  等級品全体の完成品 = 59,000円 + 365,800円 − 50,400円 = 374,400円

- 加工費

  等級品全体の月末仕掛品の完成品換算数量 = 70個 × 60% = 42個

  等級品全体の月末仕掛品 = $\dfrac{64,630円 + 351,250円}{520個 + 42個} \times 42個 = 31,080円$

  等級品全体の完成品 = 64,630円 + 351,250円 − 31,080円 = 384,800円

  等級品全体の完成品原価 = 374,400円 + 384,800円 = 759,200円

- 積数

  製品E = 120個 × 1 = 120

  製品F = 160個 × 0.5 = 80

  製品G = 240個 × 0.25 = 60

- 各等級品の完成品原価

  製品E = $759,200円 \times \dfrac{120}{120 + 80 + 60} = 350,400円$

  製品F = $759,200円 \times \dfrac{80}{120 + 80 + 60} = 233,600円$

  製品G = $759,200円 \times \dfrac{60}{120 + 80 + 60} = 175,200円$

- 完成品単位原価

  製品E = 350,400円 ÷ 120個 = @2,920円

  製品F = 233,600円 ÷ 160個 = @1,460円

  製品G = 175,200円 ÷ 240個 = @730円

● 8-6
- 組間接費の配賦額

  H組製品 = $12,500円 \times \dfrac{280時間}{280時間 + 220時間} = 7,000円$

  I組製品 = $12,500円 \times \dfrac{220時間}{280時間 + 220時間} = 5,500円$

H組製品（先入先出法）

- 直接材料費

月末仕掛品 = $\dfrac{112,000円}{320個} \times 40個 = 14,000円$

　　完成品 = 12,000円 + 112,000円 − 14,000円 = 110,000円
- 加工費

　　月初仕掛品の完成品換算数量 = 80個 × 50% = 40個

　　月末仕掛品の完成品換算数量 = 40個 × 60% = 24個

　　月末仕掛品 = $\dfrac{96,200円 + 7,000円}{360個 + 24個 − 40個} \times 24個 = 7,200円$

　　完成品 = 15,360円 + 96,200円 + 7,000円 − 7,200円 = 111,360円

　① 月末仕掛品原価 = 14,000円 + 7,200円 = 21,200円

　② 完成品総合原価 = 110,000円 + 111,360円 = 221,360円

I組製品（平均法）
- 直接材料費

　　月末仕掛品 = $\dfrac{16,000円 + 136,000円}{380個 + 20個} \times 20個 = 7,600円$

　　完成品 = 16,000円 + 136,000円 − 7,600円 = 144,400円
- 加工費

　　月末仕掛品の完成品換算数量 = 20個 × 60% = 12個

　　月末仕掛品 = $\dfrac{15,680円 + 127,780円 + 5,500円}{380個 + 12個} \times 12個 = 4,560円$

　　完成品 = 15,680円 + 127,780円 + 5,500円 − 4,560円 = 144,400円

　① 月末仕掛品原価 = 7,600円 + 4,560円 = 12,160円

　② 完成品原価 = 144,400円 + 144,400円 = 288,800円

●8-7

第1工程（平均法）
- 直接材料費

　　月末仕掛品 = $\dfrac{28,500円 + 250,800円}{490個 + 80個} \times 80個 = 39,200円$

　　完成品 = 28,500円 + 250,800円 − 39,200円 = 240,100円
- 加工費

　　月末仕掛品の完成品換算数量 = 80個 × 60% = 48個

　　月末仕掛品 = $\dfrac{24,210円 + 234,030円}{490個 + 48個} \times 48個 = 23,040円$

　　完成品 = 24,210円 + 234,030円 − 23,040円 = 235,200円

　① 月末仕掛品原価 = 39,200円 + 23,040円 = 62,240円

　　第一工程完了品原価 = 240,100円 + 235,200円 = 475,300円

第2工程（先入先出法）
- 前工程費

    月末仕掛品 = $\dfrac{475,300円}{490個} \times 130個 = 126,100円$

    完成品 = 98,700円 + 475,300円 − 126,100円 = 447,900円
- 加工費

    月初仕掛品の完成品換算数量 = 160個 × 50% = 80個

    月末仕掛品の完成品換算数量 = 130個 × 40% = 52個

    月末仕掛品 = $\dfrac{359,160円}{520個 + 52個 − 80個} \times 52個 = 37,960円$

    完成品 = 43,540円 + 359,160円 − 37,960円 = 364,740円

    月末仕掛品原価 = 126,100円 + 37,960円 = 164,060円
③　完成品総合原価 = 447,900円 + 364,740円 = 812,640円

第9章

●9-1

① **完成品原価**

直接材料費 = @70円 × 25kg × 210個 = 367,500円

直接労務費 = @130円 × 35時間 × 210個 = 955,500円

製造間接費 = @450円 × 35時間 × 210個 = 3,307,500円

完成品原価 = 367,500円 + 955,500円 + 3,307,500円 = 4,630,500円

② **月末仕掛品原価**

直接材料費 = @70円 × 25kg × 60個 = 105,000円

直接労務費 = @130円 × 35時間 × 60個 × 0.6 = 163,800円

製造間接費 = @450円 × 35時間 × 60個 × 0.6 = 567,000円

月末仕掛品原価 = 105,000円 + 163,800円 + 567,000円 = 835,800円

③ **月初仕掛品原価**

直接材料費 = @70円 × 25kg × 70個 = 122,500円

直接労務費 = @130円 × 35時間 × 70個 × 0.5 = 159,250円

製造間接費 = @450円 × 35時間 × 70個 × 0.5 = 551,250円

月初仕掛品原価 = 122,500円 + 159,250円 + 551,250円 = 833,000円

④　当月標準製造費用

当月製造費用＝4,630,500円＋835,800円－833,000円＝4,633,300円
直接材料費＝367,500円＋105,000円－122,500円＝350,000円
直接労務費＝955,500円＋163,800円－159,250円＝960,050円
製造間接費＝3,307,500円＋567,000円－551,250円＝3,323,250円

●9-2
完成品原価

直接材料費＝@3,600円×280個＝1,008,000円
直接労務費＝@21,000円×280個＝5,880,000円
製造間接費＝@43,200円×280個＝12,096,000円
完成品原価＝1,008,000円＋5,880,000円＋12,096,000円＝18,984,000円

月末仕掛品原価

直接材料費＝@3,600円×80個＝288,000円
直接労務費＝@21,000円×80個×0.5＝840,000円
製造間接費＝@43,200円×80個×0.5＝1,728,000円
月末仕掛品原価＝288,000円＋840,000円＋1,728,000円＝2,856,000円

月初仕掛品原価

直接材料費＝@3,600円×50個＝180,000円
直接労務費＝@21,000円×50個×0.6＝630,000円
製造間接費＝@43,200円×50個×0.6＝1,296,000円
月初仕掛品原価＝180,000円＋630,000円＋1,296,000円＝2,106,000円

当月標準製造費用

当月標準製造費用＝18,984,000円＋2,856,000円－2,106,000円＝19,734,000円
直接材料費＝1,008,000円＋288,000円－180,000円＝1,116,000円
直接労務費＝5,880,000円＋840,000円－630,000円＝6,090,000円
製造間接費＝12,096,000円＋1,728,000円－1,296,000円＝12,528,000円

原価差異

直接材料費差異＝1,116,000円－1,120,000円＝－4,000円（不利差異）
直接労務費差異＝6,090,000円－6,100,000円＝－10,000円（不利差異）
製造間接費差異＝12,528,000円－12,600,000円＝－72,000円（不利差異）

●9-3
当月の直接材料投入量は220個である。したがって，直接材料の標準消費数量は，@25kg×220個＝5,500kgとなる。
　① 価格差異＝(@110円－@105円)×5,900kg＝＋29,500円（有利差異）
　② 数量差異＝@110円×(5,500kg－5,900kg)＝－44,000円（不利差異）

●9-4
当月直接作業投入量の完成品換算量は（230個＋30個×20％）－80個×40％＝204個である。したがって標準直接作業時間は，@65時間×204個＝13,260時間となる。
　① 賃率差異＝(@350円－@360円)×14,000時間＝－140,000円（不利差異）
　② 時間差異＝@350円×(13,260時間－14,000時間)＝－259,000円（不利差異）

●9-5
当月直接作業投入量の完成品換算量は（380個＋50個×60％）－90個×40％＝374個である。したがって標準直接作業時間は，@55時間×374個＝20,570時間となる。
月間基準操業度＝252,000時間÷12ヶ月＝21,000時間
月間固定費予算額＝63,000,000円÷12ヶ月＝5,250,000円
固定費率＝5,250,000円÷21,000時間＝@250円
製造間接費標準配賦額＝(@350円＋@250円)×20,570時間＝12,342,000円
製造間接費標準配賦差異＝12,342,000円－13,000,000円＝－658,000円（不利差異）
予算許容額＝@350円×20,880時間＋5,250,000円＝12,558,000円
予算差異＝12,558,000円－13,000,000円＝－442,000円（不利差異）
操業度差異＝(20,880時間－21,000時間)×@250円＝－30,000円（不利差異）
能率差異＝(@350円＋@250円)×(20,570時間－20,880時間)＝－186,000円（不利差異）

第10章

●10-1

全部原価計算の下でのP/LとB/S上の製品有高				
	1　月	2　月	3　月	合　計
収益	0	200	150	350
費用	0	100	80	180
利益	0	100	70	170
月初製品有高	0	100	80	－
月末製品有高	100	80	0	－

直接原価計算の下でのP/LとB/S上の製品有高				
	1 月	2 月	3 月	合 計
収益	0	200	150	350
費用	30	100	50	180
利益	−30	100	100	170
月初製品有高	0	70	50	−
月末製品有高	70	50	0	−

勘定科目法の例：中小企業庁が示す製造業の固定費と変動費

固定費
直接労務費，間接労務費，福利厚生費，減価償却費，賃借料，保険料，修繕料，水道光熱費，旅費，交通費，その他製造経費，販売員給料手当，通信費，支払運賃，荷造費，消耗品費，広告費，宣伝費，交際・接待費，その他販売費，役員給料手当，事務員（管理部門）・販売員給料手当，支払利息，割引料，従業員教育費，租税公課，研究開発費，その他管理費

変動費
直接材料費，買入部品費，外注費，間接材料費，その他直接経費，重油等燃料費，当期製品仕入原価，当期製品棚卸高−期末製品棚卸高，酒税。

第11章

●11-1

(1) 利益目標1,200万円を達成するための操業度74%

利益目標1,200万円を達成するための生産量をXとおいて，次のような方程式を立て，Xを求める。

$$1,200 = 30X - 8X - 1,500 - 7X - 600$$
$$X = 220$$

K工業の生産能力は300台／月であることから，利益目標1,200万円を達成するための操業度は次の計算から74%である。

$$220 \div 300 = 73.333\%$$

(2) 損益分岐点販売量は140台

生産量をX，利益をYとおいて，次のような利益関数を作成する。
$$Y = 30X - 8X - 1,500 - 7X - 600$$
$$= (30X - 7X - 8X) - (600 + 1,500)$$
$$= 15X - 2,100$$

損益分岐点販売量とは，利益ゼロ（Y＝0）の場合の販売量なので，Yに0を代入して，次のような方程式を立て，Xについて解く。
$$0 = 15X - 2,100$$
$$X = 140$$
損益分岐点販売量は140台。

(3) 損益分岐点売上高は4,200万円

(2)の結果である損益分岐点販売量140台に，製品の単位当たり予定販売価格30万円／台を乗じて
$$140 \times 30 = 4,200$$

第12章

●12-1

① 機械運転時間を基準に配賦した場合
製造間接費配賦率＝139,000円÷(150時間＋50時間)＝@695円
　製品A　@695円×150時間＝104,250円
　製品B　@695円×50時間＝34,750円

② ＡＢＣにより配賦した場合
生産計画活動　24,000円÷（3回＋5回）＝@3,000円
　製品Aへの配賦額＝@3,000円× 3回＝9,000円
　製品Bへの配賦額＝@3,000円× 5回＝15,000円
購買活動　15,000円÷（3回＋12回）＝@1,000円
　製品Aへの配賦額＝@1,000円× 3回＝3,000円
　製品Bへの配賦額＝@1,000円×12回＝12,000円
機械運転　60,000円÷(150時間＋50時間)＝@300円
　製品Aへの配賦額＝@300円×150時間＝45,000円
　製品Bへの配賦額＝@300円×50時間＝15,000円
品質管理活動　40,000円÷（2回＋8回）＝@4,000円

製品Aへの配賦額＝@4,000円×2回＝8,000円
　　製品Bへの配賦額＝@4,000円×8回＝32,000円
製造間接費配賦額
　　製品A　9,000円＋3,000円＋45,000円＋8,000円＝65,000円
　　製品B　15,000円＋12,000円＋15,000円＋32,000円＝74,000円

索　引

━━ あ行 ━━

按分 …………………………………… 82
一般管理費 …………………………… 8
移動平均法 …………………………… 19
売上原価 …………………………… 1, 70
売上原価勘定 ………………………… 3
売上高 ………………………………… 1
営業レバレッジ（operating leverage）…… 140

━━ か行 ━━

買入部品費 …………………………… 13
価格差異 …………………………… 107
加工進捗度 …………………………… 82
加工費 ………………………………… 80
活動 ………………………………… 146
活動基準原価計算（Activity- Based Costing:
　ABC）…………………………… 146
活動ドライバー …………………… 147
稼働率 ……………………………… 118
完成品 ………………………………… 80
完成品換算量 ………………………… 83
間接経費 ……………………………… 36
間接材料費 …………………………… 13
間接作業時間 ………………………… 30
間接作業賃金 ………………………… 29
間接費 ………………………………… 9
間接労務費 …………………………… 30
期間原価 ………………………… 10, 117
キャパシティ・コスト（capacity cost）
　……………………………… 123, 141
給料 …………………………………… 28
組 ……………………………………… 90
組間接費 ……………………………… 90
組直接費 ……………………………… 90
組別総合原価計算 …………………… 90

継続記録法 …………………………… 18
形態別分類 …………………………… 8
経費 …………………………………… 8
経費勘定 ……………………………… 2
月初仕掛品 …………………………… 81
月末仕掛品 …………………………… 81
原価計算基準 ………………………… 6
原価差異 …………………………… 106
原価の形態別分類 ………………… 119
原価の変動態様（cost behavior）…… 142
原価標準 …………………………… 102
原価部門 ……………………………… 48
工業簿記 ……………………………… 2
工場消耗品費 ………………………… 13
工程別総合原価計算 ………………… 94
コストプール ……………………… 147
固定費 …………………………… 11, 117
個別原価計算 ………………………… 63
個別賃率 ……………………………… 30
固変分解 …………………………… 126

━━ さ行 ━━

財 ……………………………………… 2
財務諸表 ……………………………… 5
材料勘定 ……………………………… 2
材料費 ………………………………… 8
材料副費差異 ………………………… 16
先入先出法 ……………………… 19, 85
雑給 …………………………………… 28
仕掛品 ………………………………… 3
仕掛品勘定 …………………………… 2
時間差異 …………………………… 109
資源ドライバー …………………… 147
仕損 …………………………………… 72
実際原価 ………………………… 10, 101
実際原価計算 ……………………… 101

173

実際配賦額	40
実際配賦法	40
実際配賦率	40
支払経費	36
支払賃金	28
従業員賞与手当	28
受注生産	63
主要材料費	13
商業簿記	1
消耗工具器具備品費	14
職種別平均賃率	30
数量差異	107
正常操業圏（relevant range）	142
製造間接費	9, 66
製造間接費配賦差異	43
製造原価	8
製造直接費	66
製造部門	48
製造部門費	49
製品勘定	2
製品原価	2, 10
製品との関連における分類	9
積数	89
全部原価計算	117
操業度（volume）	118
操業度差異	110
総原価	8
総合原価計算	63, 79
相互配賦法（簡便法）	52
総平均賃率	30
総平均法	19
測定経費	36
損益勘定	3
損益分岐点操業度（break-even point: BEP）	138
損益分岐点分析（CVP分析，cost-volume-profit analysis）	131, 135

── た行 ──

退職給付費用	28

大量見込生産	79
棚卸計算法	18
棚卸減耗	22
棚卸減耗費	22
多品種少量生産	145
単純総合原価計算	80
長期変動費（long-term variable cost）	142
直接経費	35
直接原価計算	117
直接材料費	13
直接作業時間	30
直接賃金	29
直接配賦法	52
直接費	9
直接労務費	30
直課	9, 66
賃金	27
賃金勘定	2
賃率差異	109
月割経費	36
手待時間	30
手待賃金	29
等価係数	89
等級別総合原価計算	89

── な行 ──

能率差異	110

── は行 ──

配賦	10, 66
発生経費	36
販売費	8
標準原価	101
標準原価計算	101
賦課	9, 66
部分原価計算	117
部門共通費	50
部門個別費	50
部門費	49
部門別計算	48

平均法 …………………………………… 85	要支払額 …………………………………… 32
変動費 …………………………………… 11, 117	予算差異 …………………………………… 110
法定福利費 ………………………………… 28	予定原価 …………………………………… 10
補修指図書 ………………………………… 73	予定配賦額 ………………………………… 42
補助材料費 ………………………………… 13	予定配賦法 ………………………………… 42
補助部門 …………………………………… 48	予定配賦率 ………………………………… 42
補助部門費 ………………………………… 49	

――― や行 ―――

用役 ……………………………………… 2

――― ら行 ―――

利益 ……………………………………… 1
労務費 …………………………………… 8

【著者紹介】

島　吉伸（しま・よしのぶ）　執筆担当：序章，第1章～第6章，第12章
近畿大学経営学部教授
1970年和歌山県生まれ。
近畿大学経営学部教授，博士（経営学）（神戸大学）。
主著に『医療機関のマネジメント・システム』（共著，2021年，中央経済社），『これから学ぶ会計学』（共著，2011年，中央経済社）など多数。

安酸建二（やすかた・けんじ）　執筆担当：第10章，第11章
近畿大学経営学部教授
1972年鳥取県生まれ。
近畿大学経営学部教授，博士（経営学）（神戸大学）。
主著に『販売費及び一般管理費の理論と実証』（共編著，2017年，中央経済社），『日本企業のコスト変動分析』（2012年，中央経済社），『これから学ぶ会計学』（共著，2011年，中央経済社）など多数。

北田智久（きただ・ともひさ）　執筆担当：第7章～第9章
近畿大学経営学部准教授
1988年滋賀県生まれ。
近畿大学経営学部准教授，博士（経営学）（神戸大学）。
主著に『実務に活かす　管理会計のエビデンス』（共著，2022年，中央経済社），『販売費及び一般管理費の理論と実証』（共著，2017年，中央経済社）など多数。

井上謙仁（いのうえ・けんと）　執筆担当：各章練習問題
近畿大学経営学部准教授
1989年大阪府生まれ。
近畿大学経営学部准教授，博士（経営学）（大阪市立大学）。
主著に『経営者報酬の理論と実証』（共編著，2024年，中央経済社），『実務に活かす　管理会計のエビデンス』（共著，2022年，中央経済社）など多数。

スタートガイド原価計算

2025年3月25日　第1版第1刷発行

著者　島　吉　伸
　　　安　酸　建　二
　　　北　田　智　久
　　　井　上　謙　仁
発行者　山　本　継
発行所　㈱中央経済社
発売元　㈱中央経済グループパブリッシング

〒101-0051　東京都千代田区神田神保町1-35
電話　03（3293）3371（編集代表）
　　　03（3293）3381（営業代表）
https://www.chuokeizai.co.jp

© 2025
Printed in Japan

印刷／三英グラフィック・アーツ㈱
製本／㈲井上製本所

＊頁の「欠落」や「順序違い」などがありましたらお取り替えいたしますので発売元までご送付ください。（送料小社負担）

ISBN978-4-502-52731-9　C3034

JCOPY〈出版者著作権管理機構委託出版物〉本書を無断で複写複製（コピー）することは，著作権法上の例外を除き，禁じられています。本書をコピーされる場合は事前に出版者著作権管理機構（JCOPY）の許諾を受けてください。
JCOPY〈https://www.jcopy.or.jp　e メール：info@jcopy.or.jp〉

日商簿記検定試験　完全対応

最新の出題傾向に沿って厳選された
練習問題を多数収録

大幅リニューアルでパワーアップ！

検定 簿記ワークブック
◆1級～3級／全7巻
■問題編〔解答欄付〕　■解答編〔取りはずし式〕

◇日商簿記検定試験合格への最も定番の全7巻シリーズ。最近の出題傾向を踏まえた問題構成と，実際の試験形式による「総合問題」で実力を養う。

◇「問題編」には直接書き込める解答欄を設け，「解答編」は学習に便利な取りはずし式で解説が付いている。

◇姉妹書「検定簿記講義」の学習内容と連動しており，検定試験突破に向けて最適の問題集。

1級　商業簿記・会計学　上巻／下巻
　　　　　　渡部裕亘・片山　覚・北村敬子［編著］

　　　　工業簿記・原価計算　上巻／下巻
　　　　　　岡本　清・廣本敏郎［編著］

2級　商業簿記　渡部裕亘・片山　覚・北村敬子［編著］
　　　　工業簿記　岡本　清・廣本敏郎［編著］

3級　商業簿記　渡部裕亘・片山　覚・北村敬子［編著］

中央経済社